滑雪
关键课

丁岩峰 ◎ 著

中国轻工业出版社

图书在版编目（CIP）数据

滑雪关键课 / 丁岩峰著 . —北京：中国轻工业出版社，2024.3
ISBN 978-7-5184-3852-5

Ⅰ.①滑… Ⅱ.①丁… Ⅲ.①雪上运动—基本知识 Ⅳ.①G863.1

中国版本图书馆CIP数据核字(2022)第005980号

责任编辑：刘忠波
策划编辑：刘忠波　　责任终审：李建华　　封面设计：董　雪
版式设计：知壹文化　　责任校对：宋绿叶　　责任监印：张京华

出版发行：中国轻工业出版社（北京鲁谷东街5号，邮编：100040）
印　　刷：北京博海升彩色印刷有限公司
经　　销：各地新华书店
版　　次：2024年3月第1版第2次印刷
开　　本：710×1000　1/16　印张：11.5
字　　数：180千字
书　　号：ISBN 978-7-5184-3852-5　定价：88.00元
邮购电话：010-85119873
发行电话：010-85119832　010-85119912
网　　址：http://www.chlip.com.cn
Email：club@chlip.com.cn
版权所有　侵权必究
如发现图书残缺请与我社邮购联系调换
240387S6C102ZBW

前　言

滑雪是一项通过创造角度、平衡速度的艺术！运用人体的骨骼、肌肉、关节创造无限可能。

笔者滑雪多年，作为一个滑雪爱好者跌跌撞撞走到今天，各种弯路没少走。滑雪的进阶之路仿佛雪道上的回转线路，持续是曲线，优美但曲折。在这段漫长而迂回的历程中，有迷茫沮丧也有欣慰满足，同时也积累了大量经验与教训。

网络时代，我们从各种渠道得到的信息丰富庞杂，独自过滤这些信息并且从中提取适合自身水平的内容，对处于学习阶段的滑雪者来说非常困难。各类教学短视频大部分是碎片化知识，单独看也许都是对的，但是针对滑雪者不同的自身条件、不同的学习阶段，并不一定适用！因此仅靠观看教学视频是很难达到进阶目的的。

双板滑雪的学习是一个过程，有时候需要迂回前进，不同的学习阶段，对动作的要求也许截然相反，在达到理论的完美转弯之前，需要大量基础练习，循序渐进才可以逐渐做到。

本书将从如何支配自己身体的角度出发，结合作者大量的前端教学经验，让滑雪者快速找到正确支配自身肢体的感觉。"路漫漫其修远兮"，我们将上下求索。愿每一位滑雪爱好者都能够在保证安全的前提下充分享受滑雪这项神奇运动带来的无限乐趣。

第一章 神奇的髋关节：动力之源，错误之泉

001

002 髋关节概述

002 找到髋关节

003 髋关节三个轴向的旋转

003 髋在X轴向上的旋转

003 基本站姿中的屈髋

006 滑雪站姿变化时的屈髋

007 屈髋的原地练习

007 髋在Z轴向上的旋转

007 髋的横向移动

008 髋关节反弓

022 髋在Y轴向上的旋转

025 髋关节问题总结

第二章 挺住，膝关节

027

028 膝关节概述

029 滑雪常见的膝盖疼痛

029 扣膝立刃带来的膝关节损伤

031 过度下蹲引发的膝关节疼痛

032 滑雪顽疾K腿

032 形成K腿的诱因

034 治疗K腿的专项练习

034	直滑降练习解决K腿问题
035	外翻里侧腿脚踝解决K腿
036	单脚滑行控制抬脚形态解决K腿
036	立柱顶千斤，膝盖不能怂
037	小结 保护好你的膝盖

第三章 被忽视的踝关节

039	
040	踝关节概述
040	脚的发力
040	脚发力的方向
041	居中的站姿
042	脚部发力的三种形式
056	必须重视踝关节

第四章 永远的犁式，一切的基础

059	
060	犁式转弯概述
061	如何正确地打开犁式
061	基本站姿
061	基本站姿的常见问题
063	原地打开犁式
065	犁式刹车常见错误
067	犁式上雪前的建议

067	上雪前必须学习的两项技能
067	原地转向技术
068	侧向蹬坡技术
069	首次下滑
069	循序渐进地练习
072	雪地行走
073	平地行走
073	双杖推进
075	**犁式转弯**
075	现代滑雪板
076	压转式犁式转弯
078	压转式犁式转弯常见问题
081	压转式犁式转弯练习
082	身体重心回正脚下的发力方式
087	压转式犁式转弯中的引身
089	压转式犁式转弯小结
090	旋转式犁式转弯
090	旋转与身体位置
093	开启旋转式犁式转弯
100	**综合犁式转弯：压转+旋转**
100	单侧综合犁式转弯
104	连续综合犁式转弯
106	综合犁式转弯小结
107	再次尝试单脚滑行

107	半犁式转弯
108	原地动作模拟
111	滑行收脚尝试
113	连续滑行中收脚
114	半犁式转弯练习
116	结合综合犁式转弯的半犁式
118	**向平行式进阶**
118	收窄板距向平行式过渡
118	基础平行式
124	平行式基础控速
125	平行式小结
127	**第五章 独立篇章**
128	**重心的转换**
128	动态思维
128	动作基准与名词描述
129	重心转换
140	**难以跨越的小"A"板形**
140	在半犁式找问题
141	改正问题时的寂寞
141	下决心练习
148	**手臂、肩膀与腰胯的奇妙关系**
148	滑雪时的手臂
148	妙手回春

151	雪杖的长度
152	入弯阶段肩膀与手臂落后
153	三阶台阶
153	手臂、肩膀的滞留与反拧
155	只能改手,别无他法
156	连筋儿不是你的错
157	发力下压时手臂对重心的影响
159	**基本站姿:站距**
161	**雪鞋的调整**
161	如何挑选雪鞋尺码大小
162	雪鞋购买建议
162	雪鞋的微调
165	如何选择适合自己的雪鞋
165	**雪板的选择与调整**
165	从身高角度
165	从价值角度
166	从雪板的三维参数角度
166	雪板的调整
167	调整固定器脱离值
167	关于固定器的选配
171	**第六章 滑雪流言**
172	滑雪"流言"知多少

第一章

神奇的髋关节：
动力之源，错误之泉

髋关节概述

髋关节是滑雪中最重要的关节,它连接着我们的躯干与双腿,既承担着身体的重量,又负责双腿灵活的转向。滑雪时正确地使用髋关节才能得到优美的滑行姿态,许多错误的滑行均与髋关节有着直接的关系。

接下来我们会从找到髋关节、髋关节三个轴向的旋转、正确的反弓、髋关节常见问题、常见问题的解决办法与练习等几个方面详细剖析滑雪时髋关节的正确使用以及因髋关节的错误使用而导致的滑雪常见问题。如果你已经有滑雪的经历,会发现下面的这些案例似曾相识。对比书中的案例发现自己的问题,按照对应的解决办法不断尝试,便能够解决因不正确使用髋关节而造成的滑雪顽疾!

找到髋关节

首先,要找到自己的髋关节到底在哪儿!说到髋,我们会觉得不那么熟悉与亲切,一说到"胯"相信大家都会自觉地用手去摸腰下面那两块大骨头。

绝大多数人都会分不清髋关节与髋骨,我们摸到的那两块硬骨头其实是髋骨,不是髋关节!那么髋关节具体在哪儿呢?顺着髋骨沿着骨头的结构向下会摸到两个顶点,这是髂前上棘(图❶),继续向大腿根部腹股沟中段,有两个半球形的点,这就是我们说的髋关节了(图❷)。

后面所讲的基本站姿反弓动作(向山下一侧折叠髋关节)、旋转腿等动作都需要髋关节来完成,因此找到自己的髋关节位置是非常重要的!

髋关节与髂前上棘

髋关节三个轴向的旋转

髋关节在滑雪过程中产生最重要的三个轴向的旋转。其实很多时候髋关节同时在做多轴向的组合旋转,球形的关节结构使得我们的腿部非常灵活。在此我们归纳为三种重要旋转,用 X、Y、Z 轴向说明。有些书籍会用到冠状面、矢状面、额状面上的旋转。

髋在 X 轴向上的旋转

基本站姿中的屈髋

在滑雪的基本站姿层面,屈髋需要髋关节也就是骨盆的髋臼与股骨头做 X 轴向的旋转(图 ❶❷),屈髋的角度要配合膝盖的弯曲程度,身体大致与小腿的前倾角度平行。为什么说"大致"与小腿平行?因为每个人的身体结构不同,比如腿的长度,身体中段质量(臀部与胯周边的质量)的大小等,均影响着我们身体重心的前后位置。那么具体什么样的基本站姿是好的呢?简单地判断基本站姿的方法:穿上雪鞋,做一个滑雪基本站姿,感受你的脚掌是完全放平地站在雪鞋里,而不是靠前或者靠后,这就是你自己的基本站姿。

说到基本站姿,你可能从其他著作中或者教练口中得到的定义是这样的:双脚平行与胯同宽,脚踝膝盖髋关节微弯曲,双手自然抬起位于身体前侧。这里的"与胯同宽"存在一些个体上的异议,请详见滑雪基本站姿独立篇章 P159。

❶　❷

第一章 神奇的髋关节:动力之源,错误之泉 -*003*

※ 基本站姿中屈髋的常见问题

| 第一种　后弓腰代偿屈髋 |

基本站姿屈髋动作

基本站姿里提到的髋关节微弯曲，也就是屈髋，经常会出现一个非常隐蔽且不容易被发现的错误，即弓腰代偿部分屈髋动作（图 ❶❷）。这个问题常见于男性滑雪者。在滑雪姿态里叫作收腹含胸。相信这个错误的基本站姿很多滑雪者至今还在沿用，甚至包括多年前的自己也是身受其害，亲身经历告诉大家一定要调整，非常重要！

当用向后弓腰来代偿屈髋动作时，髋不能承担本应该起到的承重作用，而腰椎因此却受到不正确体态的额外纵向压力，久而久之就会造成运动伤害（可能会引起腰突）。

这跟滑雪有什么关系呢？简单地说，滑雪时都听说过"后坐"或者"重心靠后"吧？采取向后弓腰的基本站姿是导致重心靠后问题的原因之一。

向后弓的圆弧状腰椎还会使得力量无法得到准确的传导，身体的重量在向下施力时会因为此姿态而损失掉一部分，无法落到髋关节并传导到脚下的雪板刃。

为什么滑雪时要挺住腰？这跟髋关节有什么直接关联？

人体的脊柱在进化过程中为了适应直立行走，发展成几段曲线，这样能够更好分散重力对于脊柱的压迫，而腰椎部分是向前挺的，我们不能逆进化而行，采取向后弓腰的滑雪姿态，要知道在滑雪转弯时身体会受到 1～1.5 倍甚至更高重力值的影响。如果腰是向后弓的曲线，力量就会集中于腰部圆弧的某个点，椎间盘突出症也是因为不正确的腰部姿态造成的。

为什么说了半天腰部？因为错误的腰部动作会使骨盆位置出现改变，且影响髋关节的灵活度。向后弓着的腰会使骨盆出现后倾（图❷）此时髋关节处于上挺且锁紧状态，丧失灵活度，而滑雪时髋关节的灵活是极其重要的！

回想一下你在滑雪过程中后腰处于什么姿态，是否向后弓腰替代了一部分本应全部由髋关节来完成的前屈姿态？

| 第二种　过分挺腰，造成骨盆前倾 |

另外一种不是很常见的问题是过分地向前挺腰，也就是骨盆的前倾（图❸），此问题常见于女性滑雪者。出现此身形的滑雪者会因过分前挺的腰部，使得肩膀与手臂向后落，也不是一个很好的滑雪基本姿态！

滑雪站姿变化时的屈髋

滑雪时的高、中、低站姿（图❶❷❸），髋关节的折叠是有比较大的差异的，谈到这个问题一定要说到雪鞋，雪鞋自身有一定的前倾角度，穿上雪鞋通过折叠膝关节与髋关节来实现高、中、低站姿。站姿越低需要折叠得越多。

高站姿　　　　　　　　中站姿　　　　　　　　低站姿

※ 认知上的常见问题

这个时候很多滑雪者会简单地认为"臀部不能向后"，臀部向后就是后坐了！因此出现了一个自以为还不错的靠前的站姿，即臀部抬起身体前趴（图❹），需要注意的是这种"靠前"的站姿同样是不稳定的姿态，脚下的反馈是前脚掌落地，而脚跟是离开鞋底的。一个好的站姿脚掌是完全着地状态，包括脚跟。问一下你自己，是一个点着地稳定还是一个面着地稳定呢？

整个身体过于前倾导致雪板压力前移至板头，板尾晃动不稳定

屈髋的原地练习

（1）站军姿（挺胸挺腰）的基础上，只折叠髋关节（当然膝盖要适当配合弯曲一些），有翘（撅）臀部的感觉，实际感觉的翘是臀部的上半部分，完成屈髋后把肩膀适当放松。

（2）坐在椅子的边缘，身体前倾挺直背部，抽离椅子，保持原有姿态。

（3）徒手深蹲姿态，向前微倾身体使前脚掌与脚跟同时受压。

很多滑雪者认为，转弯过程中哈腰或者下蹲能够带来更大的幅度，身体距离地面更近，甚至贴地。其实这样的动作是无法带来雪板的更高立刃角度的，反而增加了转弯时的不稳定性，或者过于靠前或者靠后。

髋在Z轴向上的旋转

髋的横向移动

看似整个髋（胯）部在做左侧或者右侧的横向移动，实际上是髋关节在做Z轴的旋转（图❶❷），也就是大腿的侧向打开动作，髋的横向移动有个通俗的名字叫作"反弓"，即身体的侧面形态像弓的里侧曲线一样呈弧形。

髋关节作为身体和腿的分折点，它的横向移动主要作用是保持滑行过程中山下腿与身体的平衡关系，另外一个重要作用是使雪板立刃转弯。当然作为承重关节，它还是力量传导的起始点。要注意的是，髋关节的横向移动是建立在正确的屈髋基本站姿的基础上的，不正确的滑雪基本站姿会导致髋关节锁定，丧失灵活度，主要表现在腰椎后弓代偿屈髋动作，我们来看一下对比图（下页图❶❷）。

下页图❶是在错误的屈髋站姿上做出的横向移髋，你可以在家尝试一下，当采取后弓腰代偿屈髋动作时，髋关节会向上挺，这时髋关节处于锁定状态，用手从身体

侧面横向推动髋关节，身体并不能很轻松地横向移动。

图 ❷ 是正确的滑雪站姿，在髋关节正确屈曲的状态下，用手从身体侧面横向推动髋关节则变得很轻松。如果你在家，不妨站起来试一下，正确的滑雪姿态可以改变你的体态是确定的。

在不同速度下髋关节横向移动产生的腿与身体的折角，我们也称之为上下身分离（图 ❸❹❺）。在一定速度下这些动作都是对的，那为什么角度会不一样呢？主要是因为在不同的转弯速度下，滑雪者要平衡向心力和速度的关系，这似乎会让你读起来有些蒙，这些力量相互作用但又摸不到看不着，可我们的身体却真真切切地感受到被顶到和被拉扯的感觉。

髋关节反弓

接下来，讲一下山下板（外板）平衡，也就是我们经常说的"反弓"。顾名思义，我们在滑雪过程中出现这个动作时，身体的侧面像弯弓的内侧曲线形态一样，因此而

得名。那么你知道为什么滑雪时会出现这个姿态吗?

如果你了解过国外的滑雪体系,经常会听到一句话,将你的平衡保持在外板上!这句话到底什么意思?

当我们动用肌肉驱动关节改变身体姿态(例如脚踝关节、髋关节),会得到一个雪板的立刃(图❶❷),这时候力的方向发生了改变,由原来的垂直于雪面变成了斜向于雪面,具体力学问题请咨询"牛顿"(牛顿第三定律)。通俗地说,就是用脚踝发力立了一个刃,或者用髋关节横移创造了腿的角度使得雪板立刃。这个时候雪板(严格意义上讲是雪面)会顺着这个立刃方向推你向山上那一侧,如果我们的身体沿着这个方向倒过去就会躺在地上。当然你的身体很聪明不会让你摔倒,我们还有一条山上腿,这时它一支撑就不会摔倒了,但这也是滑雪时的常见错误"里腿承重"的由来。

那么怎么做才是对的呢,为了不摔倒,我们的身体以髋关节为折点向反方向做出了自动的调节,一个向里一个向外,即平衡了。(图❸)这个时候你会说,我的身体都自动调节了,为啥还会出现里腿承重这种常见问题呢?问得好,在速度下我们的大脑给出了明确的向后"躲"的指令,人在意识到危险时会本能地向后,这个"躲"的动作造就了你在无人指导的情况下很难自己滑得正确。(图❹)

反弓，对于初级阶段滑雪者来说是一个自然现象，并不需要主动做出来。身体在转弯时为了平衡向里推的力量和向外甩的力量会自动做出一定的调整。但从学习滑雪的过程中我们往往都会主动做出自己理解的"反弓"动作，不过你理解的通常都是你的本能反应，而这些本能反应在滑雪运动里往往都不是那么对的动作！

举例来说，一辆公交车在正常向前行驶，司机突然打轮转弯，司机打轮前知道自己要转弯，因此身体做出了顺转弯方向调整自己身体姿态的动作以对抗向外甩出去的力量。这时候的司机就是滑雪时候的你，主动向转弯方向，甚至行进的反方向即山上先转了。但在滑雪时这个动作会让你倒向山上且里腿快速承重。

还拿乘坐这辆公交车来说，你是车上的乘客，司机突然打方向转弯，你会向原有行进方向的前面以及转弯方向的外面甩出去，设想一下转弯的车就是你开始转弯的雪板与腿，那么你的身体就是车上的乘客，会向前向外折叠，哪里折叠？答案是髋关节。

注意：这个例子对于初中级滑雪者适用，而高阶滑雪者因其转弯速度快，会主动调整身体姿态去对抗高速过弯情况下向外甩的力量（如图 ❶）。

❶

自然反弓练习——旋转分离

借着上面公交车的比喻,给大家一个很好的机会去体会上下身分离形成的自然反弓感觉。

以斜滑降出发,身体在转换时要跟随新山下脚向此时的新山下板板头方向(图❶❷)行进,身体与新山下腿这一侧要竖直(图❸❹),由于身体的引领,雪板开始跟随身体的移动逐渐转变方向至正朝滚落线(山下)直滑降。注意是逐渐改变方向,需要我们有一定的耐心,建议选择较缓的雪道去尝试。

当身体与新山下腿同步正朝滚落线直滑时,身体的惯性方向是向山下的,此时我们要驱动下肢关节开启转弯减速,动用脚踝及髋关节将新山下板的板头向内旋,当然此时的山上板也需要配合旋转。如果你在练习时无法做到同步旋转,可以先用犁式只管山下脚。

此练习我们使用的转弯方式为驱动髋关节以及踝关节旋转,并非压力式转弯(详见《永远的犁式,一切的基础》章节 P076 压转)。腿部逐渐开启旋转后,我们会立刻感受到脚下的减速,然而此时的身体却依然朝着惯性方向也就是山下方向移动,这样就出现了一个自然形成的、因旋转腿而产生的上下体分离。我管这个自然分离叫旋转分离,也是自然反弓的一种形态。

旋转分离辅助练习——脚踝平转

在尝试这个练习之前,另一个配合练习有助于你找到脚踝平转的感觉(脚踝的平转请参看踝关节章节 P049)。犁式直滑出发,分别将两只脚的板头交替向内做旋转,脚踝的平转同时也带动了髋关节的旋转,这是由脚踝发起的旋转,能够更快地反应到雪板,与髋关节配合同步发力旋转能够加快驱动腿与脚的旋转发力。

新山下腿

✳ 反弓动作常见问题

| 腰侧弯代偿髋反弓 |

反弓动作是由髋关节来完成的，滑雪者往往因为髋关节周边肌肉群能力不足，无法准确做到髋的折叠与横移，转而会用腰的侧向弯曲来代替髋的动作（图 ❶）。这里又说到了腰，也就是脊柱的腰椎部分，由于髋（整个骨盆）与脊柱连接，因此很容易用腰的动作代偿。

当你这样做了，对不起，错了！

当髋关节正确折叠时，山下腿这一侧的髋关节是向下的，但是当你用了腰来代偿时，山下这一侧的髋关节是向上挑的。一个向下一个向上，可见错误动作完全会导致相反的结果。这是一个非常常见且难以改正的错误动作，一定要引起重视！

| 腋窝反弓（胸椎侧弯）|

还有一种脊柱代偿的反弓动作是由不正确手的姿态引发的（图 ❷），我管它叫"腋窝反弓"。

滑雪者转弯时，通常会有点杖的动作。当你采取夹腋窝，让你的肘部触碰腰部时，对不起，你的脊柱又侧弯去代偿髋关节的折叠了。这时候是脊柱的胸椎部分侧向弯曲（图 ❸❹）。这个动作往往还伴随"歪头杀"。

如果你想让自己的滑雪姿态没那么难看，请正确折叠你的髋关节，不要用脊柱去代偿！

| 够着点杖 |

就上面腋窝反弓的动作我们再衍生一个因点杖而出现的胸椎代偿反弓动作。这些都是我在实际教学过程中遇到的"天才"学员的实际案例。

反馈是这样的:"教练,你看,我把雪杖点向更远处,或者把手向山下够是不是也能增大反弓呢?"意愿是好的,结果是残酷的!当你这样做了,你的脊柱特别是胸椎那里会随着你够出去的肩膀而侧向弯曲(图❶)。你以为反弓加大了,却没用到本应使用的髋关节。

有时候你还会因把手伸向山下而触碰到"隐形"的墙壁(图❷),身体反而向后躲闪,嘴里却还念叨着:"我去山下了呀!我反弓了呀!你瞧,你瞧!"还让我瞧呢,他那是意念反弓了。

| 肩膀落后反拧 |

因手臂动作引起的腰反弓还有一种形态,准确地说是因为肩膀的反向扭转造成的(图❸)。

在转弯的入弯阶段,由于速度因素我们有时会不由自主地将新山下脚这一侧的肩膀(此时处于旧山上脚)先往后背,这时还伴随着手肘的向上且向后,有时你还因此而觉得很带劲儿(图❹❺),手拉起来再往下砸,感觉自己很帅,全世界都在看你,特别是在

缆车下面滑的时候！然而，殊不知当你这样做了，你的腰就会代偿本应由髋关节折叠而产生的反弓姿态。

我们来分析一下为什么。当我们处于连续转弯时，雪板始终处于下滑状态，没有停止过！入弯阶段，整个山上这一侧的身体(包括肩膀和手臂)应跟随新山下板向前向转弯方向移动。这时候如果你将肩膀向后拉，那么相对于脚和雪板，你的肩膀就处于停滞且落后状态，与雪板的移动方向相反。此时雪板会带着腿以及这一侧的髋关节向前拉扯，肩膀会感觉在向后旋转，那么这时就在腰的位置出现了一个拧麻花状的扭转(图❶)。山下这一侧的髋关节处于被拉扯且前挺髋状态(图❷)，无法正确折叠。在这个状态下无法完成正确的反弓，因此只能用腰的侧向弯曲，腰不仅在拧麻花似地扭转，还有侧向弯曲，同时还伴有歪头杀(图❸)。

你自己看这个动作丑不丑，不拍出来你可能还觉得自己天下第一帅！别小看这么简单的一个肩膀手臂向后背的动作，修正起来非常痛苦，如果你有此类问题建议尝试以下几个练习办法去修正，这是一个非常"顽固"的动作，极难纠正，但它绝对是丑陋的根源，如果你想滑得优美那就请耐心修改一下吧！

肩膀落后反拧修正办法具体有以下几个。

方法一，双手扶大腿根部练习。让我们先放下雪杖，将双手扶大腿的根部，这里有一个很重要的技术要点，需要我们将手横过来，手掌心贴紧大腿的侧面(下页图❶)，记住是贴紧！我们往往都会用偷懒的手扶动作去完成这个练习（下页图❷），这样的手部动作是带不来正确的髋关节折叠！用这个动作进行滑行，能够使身体包括肩膀成为一体，在转弯的初期与新山下腿同步移动，防止出现反向拧转。与此同时，如果你

能够将两个肩胛骨向前耸一些并保持（图❸❹），便能起到更好的效果。

❶　❷ 偷懒动作 ×　❸ 正常肩　❹ 微耸肩

方法二，手扶腿变体练习。这个练习的一个单侧变体练习可以用同样的手扶姿势，在转弯的入弯时用单手只扶单侧大腿根部（图❺），或者扶向内侧腿的内侧（图❻），另外一侧的手自然抬起位于视线之内，切忌肩膀向后背（图❼）。亦可将无处安放的手盖在另一只手上面（图❽），这个动作可以保持肩部的一致性，避免出现单侧肩膀的独立扭曲动作。值得注意的是，扶腿的这只手的手肘需要自然动作，滑雪者容易出现转弯时过度用力，将手肘向后背且肩膀向前挺的扭曲动作（图❾）。

❺　❻　❼ ×　❽　❾ ×

方法三，单侧手臂扶对向肩膀练习。如果出现单侧肩膀向后反拧导致的腰部代偿髋关节问题，可以采用单侧手臂在转弯的初期扶对侧肩膀的方式解决（图①②③④）。没有问题的那一侧手持雪杖，有问题那一侧的手不拿雪杖，在有问题这一侧的转弯开启前，将手扶向对侧肩膀，能够使有问题这一侧的肩膀被动地向前跟上身体。要注意的是，有问题这一侧的弯，入弯完成后手臂就可以放回至自然状态，切勿带入下一个转弯影响本没有问题那一侧的转弯，切记！

方法四，入弯前增加腹压练习。其实出现腰部代偿髋关节折叠的问题是核心肌群没有正确收紧所致。相信很多滑雪者都知道滑雪时要收紧核心，那你是不是觉得吸气收腹就是核心收紧了呢？（图⑤）其实核心肌群是整个腹部这一圈都叫核心，我们常识所认为的腹肌就是核心，那只是核心的一部分，核心还包括腹横肌、腹外斜肌、竖脊肌、腰方肌等一组肌群，前面侧面后面都有。这里要说的是通过向腹腔增压的方式，主要目的绷紧整个核心肌群，使得脊柱不能或者很小的侧向弯曲。如何做到呢？每个人对于增大腹压会有不同理解，通常有两种方式去形容这个动作。

A. 通过吐尽腹中空气的方式向核心肌群增压，感觉就是绷紧腰那一圈的肌肉，把肚子里面的气体挤出去的感觉。

B. 这个说起来有点不太优雅，那种感觉像便秘时候使劲，要注意的是做这个之前先要把后腰向前挺住。当你这样做了，你再去尝试一下侧向弯腰，变得不那么容易了。

不管你习惯上述哪种增加腹压收紧核心的方式，在入弯前开始增加腹压直到转弯开

吸气无法收紧核心

启。用这种方法去改正侧向弯腰代偿髋关节折叠也是丁老师独创,真的是遇到了这样顽疾的雪友,尝试了很多办法才找到这么一个独特的招式。如果你有上述问题建议你试试,管用!

方法五,髋部肌群居家练习。其实说一千道一万错误动作主要是因为髋关节周边肌肉群薄弱造成的,我们平时因为工作等原因经常久坐,缺乏锻炼,导致髋关节的灵活度与柔韧性不足,因此不是你不想做,而是真的做不到。那么居家髋关节肌肉激活练习能够帮你解决一些滑雪问题。

A 屈髋练习,徒手深蹲是很好的屈髋练习,如果你不知道如何做一个标准的徒手深蹲可以去抖音搜索一下,能找到很直观的视频指导。还有一个屈髋练习,将一条腿抬起,大腿面贴近自己的胸,用手抱住保持(图❶);

B 髋关节外展练习,侧向平举腿(图❷);

C 髋关节后伸,后抬腿感受臀部肌肉群收紧(图❸)。

如何正确折叠髋关节找到正确反弓的感觉呢?我给大家一个简单的办法,先以一个滑雪基本站姿的姿态站好,侧向抬起一条腿保持住(下页图❶),感受大腿根部侧面有酸痛感,将整个身体随着侧向抬起的腿倒过去,脚的里侧落地并保持脚踝挺住力量(下页图❷),对着镜子看一下,这就是一个反弓动作应该有的髋关节折叠状态。请记住这个感觉。

第一章 神奇的髋关节:动力之源,错误之泉

| 为了反弓而反弓 |

当你能够正确地使用髋关节折叠来完成反弓动作后，另一个常见问题往往会来困扰你，那就是"为了反弓而反弓"。可能你从各种渠道听说滑雪要做反弓，因此自己一转弯就开始主动做反弓，可你有没有想过这个动作是为了什么呢？实际上是为了力的平衡，把身体重量始终"怼"在山下腿。

为了反弓而反弓会出现两种常见问题：

第一种，滑雪者能够正确的折叠髋关节，在转弯的初期直接向弯内拱了臀部（图 ❸），此时身体重心会迅速移动到山上腿一侧并使其承重，脚下的雪板刃虽然因此动作（胯的横向移动，俗称进胯）而立刃也达到了立刃转弯的目的，但是先承重的腿是山上那一侧的腿，山下腿的压力并不够。为了平衡身体重心至山下腿，你把身体被动地折叠向山下一侧去找回山下腿的承重，这时转弯已经开始一段时间，山下腿是被动地找平衡，你的平衡才刚刚开始建立，而转弯却已经处于尾声了。那应该怎么做呢？

还是髋关节的折叠这个动作。如果我们在转弯的初期直接以新山下腿髋关节为折点，把身体折向外侧（下页图 ❶），那么我们在转弯的初期就直接得到了一个良好的山下腿承重，雪板会因此而形变带着我们开启转弯（当然我们要配合脚踝关节的动作，详见 P039）。

开启新转弯时我们需要微立刃，同时把身体重量以髋关节为折点放在立好的山下腿里侧刃

入弯直接向弯内拱髋

上，然后雪板形变开始带着我们转弯。随着下滑转弯速度的逐渐加快，此时我们才能够把胯横向地推向弯的内侧，加大立刃，加大转弯速度，此时身体不会摔倒，也不会内侧腿承重，因为离心现象作用于我们的身体，向外侧拉扯着并平衡在山下腿。

文字表述起来有些拗口，简单地说就是我们需要先放重量于山下腿后才能根据转弯速度逐渐地把胯和身体平移到弯的里侧。

注意：我们在这里说的是初中级滑雪者容易出现的问题，顶级高手入弯时会大幅度内倾拉立刃角，而非身体向外侧折叠。学习是有顺序的，本书致力于滑雪常见问题的分析与解决，当你有同样问题时，说明在速度下你的外侧腿平衡还没有做到炉火纯青的地步，继续练习吧！

第二种，还有一种为了反弓而反弓的问题，出现在能够将身体以山下髋关节为折点做正确折叠，且身体在弯的初期就能够向外侧做平衡的滑雪者。那么你会说："这不是挺好的吗！"问题出在后面。

这类滑雪者会刻意地加大反弓动作，让身体过分地折叠到了外侧（下页图 ❶）。"你不是说要去外侧吗？我做了呀还加了码！"滑雪就是这么一项多了少了都不成的运动！你这样做的初衷是加大动作，想的是加大幅度，然而却起了反作用。

为什么呢？当你过分地做了身体的外侧平衡，身体重心会更向外侧移动，当它超越你脚下立好的里侧刃时，它不能加大立刃反而会把你穷尽所能刚立好的雪板刃趴平（下页图 ❷❸）。之前的篇章说过，反弓的目的一个是为了外板的平衡，另一个是为了加大立刃角度，那么你的为了反弓而反弓破坏了第二点，使得立刃角度变小了，岂不是适得其反？

找到自然反弓的练习

第一练习：以上说了那么多的腰代偿髋关节的错误动作，我们来用个简单的练习办法找到自然的反弓姿态。既然身体这么容易在腰的位置扭曲，将身体（包括手臂）当成一个不能有任何独立扭转的方块来处理，去完成一个转弯，不做任何动作。这时候你会说，不是要反弓吗？不做动作能行吗？

❶ ✗ 肩膀过度外移　　❷ ✓　　❸ ✗ 肩膀过度外移造成雪板刃趴平

当你自然地站在雪道的斜坡上，呈竖直状态，也就是我们横向于雪道站着，当然是山下脚主要承重地站着，而不是刻意让山上脚站。这时候因为两只脚不在一个平面上而出现高低脚，那上面的身体就会自然地向山下微微倾斜（折点在山下这一侧的髋关节）。

说重点！由于我们在滑行过程中看不到自己身体的状态，因此，转弯后向后躲闪和倾斜身体自己都不知道，因为没有参照物。练习办法是用竖直的雪杖办法作为自己身体的参照，竖直身体以斜滑降出发，山下手持两根雪杖，当然只拿一只更好，在转弯前将雪杖交换至另一只手并竖直（下页图 ❶❷❸❹❺）以竖直的雪杖作为身体的标尺，让整个山上这一侧的身体跟随竖直的雪杖与新山下脚向新转弯方向竖直移动，转至完全横向于雪道时就是上面我们所说的站立状态并山下脚承重且有微微的自然反弓形态。在转换时身前交换雪杖也能够帮助身体重心在转换时向前移动，一举两得。

第二练习，还有一个竖直身体自然反弓且能够防止腰反弓的练习办法。出现腰反弓的起因是在入弯时山上一侧的身体并没有跟随新山下脚向前移动，自己以为移动了，但实际没有，当新山下脚转换过来后，才意识到身体没在脚上面且压力不够，因此，在这个时机想要做反弓，而这时山下腿以及髋关节已经展开不处于折叠状态，故使用

侧向弯腰去模拟反弓形态（下页图 ❶❷❸❹）。

也是在入弯时需要竖直身体，将身体的外侧在转换踩直腿引身时与新山下腿的外侧边形成一条直线。如何做到？将要转弯这一侧的手不拿雪杖，在踩新山下腿引身时，将手臂夹紧贴住身体侧面，手心贴紧大腿侧面，让整个山上这一半身体在外侧以完全竖直姿态向前进入直滑（下页图 ❺❻❼❽），运用踝关节建立微立刃因为惯性以及雪板的曲线设计，雪板会因身体重量的跟随开启转弯，这时的身体就自然出现向山下的微微倾斜（折叠轴源自于山下这一侧的髋关节）。如果这时候你能够主动地再折叠些髋关节以增大山下脚的压力那更好了！

髋在 Y 轴向上的旋转

腿部的旋转，俗称转腿，也是髋关节的内外旋转，是髋关节在做 Y 轴向的旋转（下页图 ❶❷）。转腿在滑雪过程中非常重要，那为什么不说髋关节的旋转呢？好问题，髋关节这玩意藏在身体里看不见，它旋转后的结果却会表现在腿上，因此说转腿会更亲切一些。在滑雪过程中转腿能够控制转弯的大小，控制滑行的方向以及转弯的速度，是一项滑雪必要技能！

在现代曲线侧切雪板没有出现之前，老一辈滑雪者就是通过这种技术操控又窄又长的"木头条"雪板完成转弯的。

腿部旋转需要注意的是一个内旋，一个外旋，动用的是两条腿的髋关节，我们经常听到的"上下身分离"说的也是这个。由于平时生活用到髋关节内外旋的情况不是很多，再加上平时没有运动、久坐等不良习惯，会使我们的髋关节旋转能力不足。下面给

大家两个居家练习动作激活一下滑雪时用到的髋关节肌肉群。

练习一，正面提起一条腿，向外侧旋开大腿，尽量打平并保持10秒，另外一条腿尽量保持平衡（建议光脚做这个动作能够同步练习到足部稳定），双侧都要练习。（图❸❹❺）

练习二，原地横向打开一条腿，从侧面提起，尽量提高后向内侧旋转压低膝盖，感受髋关节的旋转，另外一条腿尽量保持平衡（建议光脚做这个动作能够同步练习到足部稳定），双侧都要练习。（下页图❶❷❸）

※ 转腿常见错误

腿部的旋转分离最为常见且最难以修正的问题那就是臀部带转（实际上也是腰部旋转代偿髋关节内外旋，导致骨盆旋转），这个问题被我评为最难改正的问题之一，其形成也比较简单，因髋关节的独立旋转能力差，而使用臀部去代偿转弯（下页图❹❺❻）。这个带转问题往往伴随着腰部反弓动作一起出现。

第一章 神奇的髋关节：动力之源，错误之泉 - 023

另外一个造成这个问题的原因是山下脚这一侧的肩膀落后，这时脊柱是旋转状态，肩部向后旋转，而腰胯就会向相反的方向做反拧，你会发现如果把你的手和肩膀限制住，就不会转弯了，也就是说在用身体拧麻花这种方式去转弯，上下体是反拧的。还有就是那句"滑雪一定要面朝山下"，这句话害人不浅，我会在后面的滑雪流言篇章专门讲这个问题，在这里简单地说一下，这个动作就会造成身体与腿胯的反拧，刻意做这个动作的结果就是你扭了臀部，拧了肩膀还在说自己做了上下身的分离！

改正臀部带转的练习办法

改正臀部带转的非常有效的一个练习办法，那就是"标枪弯"，我不知道这个名字到底是怎么来的，咱们就说说这个练习的技术要点：在平行转弯后斜向滑行时，也就是我们说的斜滑降，将山上的雪板抬起，板头跨越山

下板并交叉，形成一个类似"X"形的状态（图❶）。标枪弯对于滑雪者的平衡以及身体控制能力较高，初级滑雪者做这个动作会非常困难，难度指数4星，因此，在做这个练习之前，需要你能够做稳定的抬山上脚斜滑降，才可以尝试这个练习动作。

为什么说它是纠正臀部带转的最佳练习呢？

当你出现臀部带转时，你的山下这一侧的骨盆在向山下翻转，而标枪弯练习正好相反，需要你的山上一侧的骨盆抬高并向山下翻转，有点像将脸盆里的水倒向山下这一侧的"赶脚"！因此完全是相反的骨盆旋转，这个练习是臀部带转动作的克星！

有臀部带转问题时你需要练习的是髋关节的独立旋转能力，回到犁式转弯，只操控一条腿的展开并向内侧旋转是个不错的开始（请见《永远的犁式，一切的基础》篇章P059）。

不应该做的练习：当你有臀部带转的滑雪问题时，请不要去练习"冰球刹车"，那个练习只能将你的臀部练得更加妖娆，切记！切记！

髋关节问题总结

髋关节这里会出现的各式各样常见问题：
1. 不能正确地屈髋做滑雪基本站姿，用后弓腰做代偿；
2. 认为更多地向前趴就能压得更低，带来幅度；
3. 不能正确地做出反弓动作，髋关节的侧向展开能力弱，用腰椎的侧向弯曲代偿；
4. 为了反弓而反弓，先把胯推向里侧，身体被动拉向外侧；
5. 为了反弓而反弓，过度身体的外倾斜；
6. 婀娜多姿的臀部带转；
7. 肩膀反向扭转形成的外侧髋关节前挺且腰部侧向弯曲。

你的髋对了，你的滑雪就八九不离十了！

请仔细阅读本章的内容，绝大多数滑雪者都会有本章提到的髋关节问题。

第二章

挺住，膝关节

🎿 膝关节概述

　　膝关节，滑雪中不美观形态的重灾区，亦是滑雪重要的关节之一，本章我们着重讲解滑行时人人想改正的"K"腿问题（图 ❶❷❸），以及不正确发力而导致的膝盖疼痛问题，每一个滑雪人都应该保护好膝盖，健康滑雪到 90 岁！

　　膝关节是铰链关节（图 ❹），理论上只能做弯曲和伸展运动，不应该做内扣旋转动作（图 ❺）。滑雪中我们看到的膝关节旋转只是表象，其实"旋转"来自于髋关节。由于我们的膝关节被肌肉、韧带、软骨所包裹，毕竟是软连接，它还是能够有一些扭转幅度的。正是这个不正确的扭转带来了我们滑雪后的膝关节疼痛！

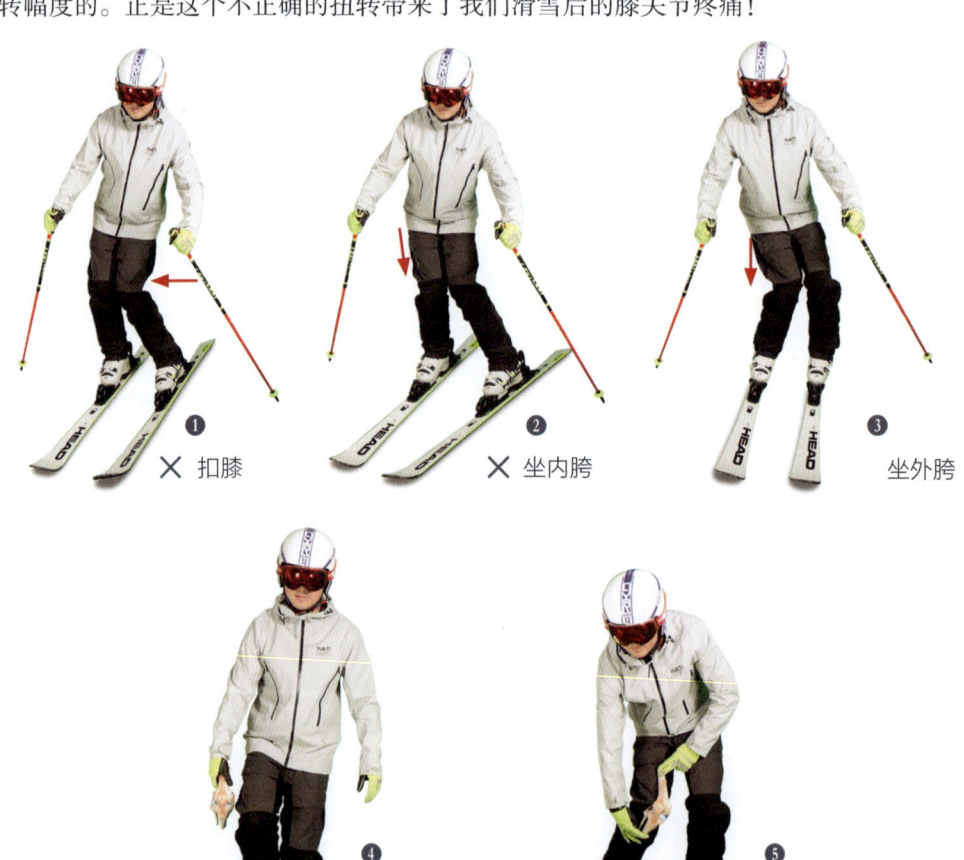

❶ ✕ 扣膝　　❷ ✕ 坐内胯　　❸ 坐外胯

❹　　❺ ✕ 内扣膝盖

滑雪常见的膝盖疼痛

扣膝立刃带来的膝关节损伤

这是因发力不正确而导致的"K"腿问题（图 ❶❷），是最需要引以重视的滑雪错误！

扣膝，顾名思义这个动作是靠膝盖的内扣来带领小腿、脚踝去引发立刃。几乎所有刚接触滑雪的滑雪者都会犯这个错误，我很少说什么是绝对的错，但是在这里，扣膝是绝对要避免的常见错误！

如果在没人指导下，很多人都是用内扣膝盖的方式去保持雪板的立刃状态

的，不管是犁式转弯还是平行式转弯。那么为什么这个不正确的动作这么受到大家的"喜爱"呢？

答案是：比较容易做到！

当你脚下踏着还不那么听话的雪板，脚的滑动也不受自己控制，而动用平时不怎么使用的髋关节去做内旋也是件登天难事，这时处于脚踝与髋关节之间的那个膝盖便成了救命稻草，非常容易得到一个内扣的姿势，关键是这个姿势还能带来转弯，谢天谢地，谢谢膝盖！然而这样的一个初始记忆会伴随着你进入滑雪世界，这个错误如果不去修正，膝盖会在漫长的滑雪生涯中长期处于疼痛与磨损状态！这个问题一定要修改！

扣膝会造成：

1. 膝盖内侧副韧带拉长且疼痛（下页图 ❶❷）；
2. 膝盖外侧半月板因长期受到挤压而慢性损伤；
3. 髌骨因扣膝姿态产生滑动摩擦导致髌骨软化症（见下页图 ❸）。

① 内扣膝盖会拉长内侧韧带

②

③ 扣膝会导致髌骨磨损

✳ 解决扣膝的练习办法

我们这里主要针对已经处于基础平行式转弯的滑雪者给予练习建议，至于从零开始的同学请参看《永远的犁式，一切的基础》章节，从最开始避免这个问题。

出现这个扣膝错误动作实际上是发力顺序的问题。发力的目的是立刃转弯，那么我们把顺序调整一下便能够解决这个问题。膝关节上下临近的两个关节，即髋关节、踝关节都能够引发立刃，哪一个更适合初级阶段的滑雪者呢？我的建议是踝关节的微旋转带来的微立刃（具体脚踝的立刃详见关于脚踝章节P042）。

脚踝在鞋里发了一个微旋转的力量，雪鞋被撬动的同时，雪板也会反应出微微的立刃表现。当你这样做时膝盖也会看上去旋转，然而这时候的旋转是由于脚踝的动作带动髋关节旋转形成的，这个"旋转"不是扣膝盖（图 ❹ ❺）。

另外，通过在转弯前绷紧肌肉的方式来防止膝盖内扣。将股四头肌的内侧肌肉，也就是膝盖上面里侧那块大肌肉先绷住，这时候你可以用手从

④

⑤

外侧向里推一推你的膝盖（图❶❷❸），推不动是吗？那就对了！用这种方式防止膝盖在转弯时向内扣。

如果你用内扣的方式转弯，膝盖会在内扣到一定程度时被迫地绷紧上面说的股四头肌内侧肌，为什么？因为你的身体告诉你："再扣就折了！"

过度下蹲引发的膝关节疼痛

这是一种因为滑雪基本姿态不正确而导致的膝关节过度弯曲（图❹），致使肌肉疲劳产生的膝关节疼痛，常见于膝盖下部的髌腱（图❺）。这种疼痛不算是错误使用关节结构，但是过度地屈膝（后坐滑雪一整天）会使我们大腿的股四头肌时刻处于紧张状态，髌腱也会长时间处于被牵拉状态，久而久之髌腱就会发炎引发疼痛。

解决这个膝盖疼痛问题需要滑雪者以正确的滑雪基本站姿进行滑行，膝关节与髋关节的折叠是相互配合的，出现上述问题的主要原因是滑雪者在弯折膝盖的时候没有配合做屈髋动作，导致整个身体处于重心落后状态，这样的滑雪姿态需要动用更多的股四头肌去保持不坐在雪面上。对于有此类型重心后坐的滑雪者，我建议先采取高站姿，与其坐着滑不如先站起来，需要正确地弯折髋关节。

滑雪顽疾K腿

形成K腿的诱因

第一个K腿诱因是上文讲的不正确膝盖发力造成的，即扣膝发力。这种K腿是第一时间要纠正的，它对膝盖髌骨软骨的磨损负主要责任，是膝盖内侧副韧带过度牵拉的元凶，膝盖外侧半月板压力变大且损伤的罪魁祸首！可见这种发力方式的运动危害是不可逆的。具体改正方法上面章节已给出了练习方法。

第二个K腿形态其实是身体重心的不正确"摆放"致使山上腿被压住而无法外旋髋关节导致。这时你会说K腿不是膝盖的事儿吗，不是要将膝关节打开吗？这跟髋关节有什么关系呢？很好的问题！

首先，第二K腿的成因是因为不正确地将身体重心放到了山上腿导致的，而髋关节是身体重心移动的关键，在滑行转弯时我们会在转弯初期就想迅速开启一个新的转弯，直接将身体的中段也就是胯部扔进了新弯的弯内方向（图❶❷），就是我们说的反弓（主动做出来的反弓），这个动作使得身体重量也随之移动并落至了新山上脚。

如果入弯阶段身体没有回正，脚下雪板刃没有完成放平直滑，髋关节就向新转弯方向拱臀部、做反弓，此时新的转弯速度与你的"反弓"姿态不匹配，在转弯速度较慢的情况下主动"做较大的反弓"就会使身体平衡落至新山上板。

那这个动作怎么就会产生 K 腿呢？

主动拱髋动作会使新的山下脚立刃过快过高，山上脚那一侧雪板外侧刃还没有开启立刃就被拱进来的臀部，也就是胯所压住了，无法继续外旋髋关节打开膝盖，表现出来的形态就是 K 腿。

其次，身体重心的不正确移动导致另一种扣膝形态，向山下板外侧拱胯伴随向山下"翻"臀部（图❶）。这是一种非常扭曲的错误转弯动作，主要原因是滑雪者髋关节独立旋转能力弱，用骨盆翻转代偿髋关节内旋。

这个动作是如何产生 K 腿的呢？

运用骨盆翻转虽然能够改变膝盖朝向，但脚下并没有立刃表现，没有立刃没有转弯，此时的山下腿膝关节可以通过内扣并跪膝来带动脚下踝关节被动翻转立刃。这就形成了这个扭曲但又可以转弯的错误动作，既不美观又伤膝盖，必须要修改！正确地运用髋关节完成身体重心摆放至山下腿一侧。

上述两种扣膝动作是因髋关节而起，想要改正此问题并没有什么特别的练习，需要回到滑雪的基本站姿、身体重心的正确移动，甚至需要回到犁式初期去调整髋关节的正确使用。可见有些滑雪问题完全是由于基础没有正确造成的，强烈建议读者认真阅读一下第四章永远的犁式章节，从头捋一下滑雪的基础！

第三个 K 腿问题也是因为髋关节引发的，表现形态是双腿膝盖的靠近，起因却是由于髋。这种 K 腿的产生主要在弯与弯之间的转换时段，我们将髋关节用山下髋和山上髋描述。

当一个弯结束准备进入新弯时，滑雪者的身体开始跟随新的山下腿移动，这一侧的髋关节（此时为山上髋，图❷）开始跟随新山下腿一同移动。旧山下腿以及旧山下

旧山下腿未能及时跟随

着急转弯控速向后下坐

髋没有即时跟随甚至有些迟滞，此时新的山下腿已经拽着新山下髋以及身体开启新的转弯，由于需要控制有些失控的速度，这时我们会选择下压，但这时下压就会臀部坐在原有的山下髋，这一侧的腿与髋并没有完成转换，大腿骨的方向指向正直山下的滚落线就被坐下来的重量压住了（上页图 ❸ ❹ ）。这种 K 腿情况是因为在转弯时旧有山下腿与旧山下髋没有即时跟随新山下腿移动，过早地下压坐臀部导致。

第四个 K 腿诱因是刻意为了始终面朝山下所导致。关于滑雪是否要始终要面朝山下这种流言我们在滑雪流言章节中有所提及，感兴趣的读者可以翻看。

这个 K 腿依然是髋引起的，在转弯的中途，髋关节为了实现面朝山下而旋转，旋转后又向后下坐臀部导致的。与第三个 K 腿问题类似，区别在于一个是入弯阶段，一个是转弯中途出现的 K 腿。

滑雪者在入弯后为了"面朝山下"将整个髋部也就是骨盆随着身体向山下这一侧做了旋转，那么这个动作会带来山上腿的大腿骨跟随骨盆向山下这一侧旋转，然而这一动作直接致使两个膝盖碰在一起形成 K 膝。不仅如此，我们的错误还在这个基础上做升级，那就是向山上腿这一侧的臀部后方去下压（后坐），导致 K 膝更加严重（图 ❶ ❷ ）。

治疗 K 腿的专项练习

直滑降练习解决 K 腿问题

看到这里可能你会说这是最基础的练习，怎么能解决 K 腿问题呢？那好，实践是检验真理的唯一标准，你去尝试一个你认为对的直滑降，感受一下你的双板是否用的是板底，完全放平的平板在雪上，还是用两个微微的里侧刃在进行直滑降滑行（图 ❸ ❹ ）。

绝大多数滑雪者在这个最基础的动作时都是微微两个里侧刃状态。当你开启一个转弯时，两个里侧刃状态的直滑降其中的一侧将会成为山下脚，它将立起更高的里侧刃带着我们转弯，而本来微微有里侧的两只脚不管哪只脚再立里侧刃，相对于另外一只需要立外侧刃的脚就会默认地快一些！这时想打开里侧腿且立外侧刃的这一侧需要先将原有的微里侧刃放平，再向外翻转，但是，这时候另外那只山下脚已经立很高的里侧刃了。结果就是立高刃的山下腿开始转弯并推着我们的身体向弯的内侧横向移动，而本应该能够同步翻转的里腿外侧刃因为原有的微里侧刃直滑降动作造成翻刃时间拉长，然后被推进来的身体重量压住无法再继续完成外侧刃的翻转，这时就造成了一定程度的K膝盖。仔细琢磨一下这段话，有些绕口。

一个标准的放平板底直滑降练习有助于解决K腿。待直滑降能够较好地完成后，练习单侧转弯后接直滑（图❶❷❸❹），双侧都要练习。最后把两侧的转弯连接起来，中间要接一个合格的直滑降。最开始练习时可以刻意拉长直滑降，到后期直滑降就只是一个瞬间的动作，身体与脚的配合趋向于完美，便不再出现双脚翻转立刃不同步了。

外翻里侧腿脚踝解决K腿

导致膝盖形态不美观有时不仅仅是膝关节的问题，邻近关节不会发力或发力错误也会造成K膝形态。内侧腿膝盖外旋不到位（髋关节旋转，膝盖只是形态上的外旋）需要配合脚踝的翻转一起才能达到效果。

首先我们要确保你的山下腿膝盖没有本章节第一强调的扣膝盖发力习惯，且身体重心的摆放是以正确的髋关节折叠放置于山下脚一侧。

如果上述姿态都正确的话，此时的山上脚应处于一个很放松且没有身体压力的

状态,然而这种放松状态很容易让我们的思想懈怠,简单地认为山上脚它就应该是这样的。实际上,山上脚不承重不代表没控制,用你的脚踝向外侧翻转并保持(注意:这里说的向外侧翻转脚踝意思是山上脚的脚踝向山上一侧翻转,运用雪板外侧边刃着雪面。如果按照医学上的称呼,这应该叫内翻脚踝,也就是脚踝的内侧向上翻起。请勿较真儿,在滑雪里我把它叫作向外翻脚踝、向外翻刃。),翻脚踝能够撬动鞋壳带动雪板向外侧刃翻转(图❶❷),这个由脚而发的力量还会带动山上腿的膝盖外旋(实际上是髋关节的外旋)。这样你就得到了一个比较不错的不K膝的滑行姿态。

单脚滑行控制抬脚形态解决K腿

在单脚滑行时抬起山上腿做踢毽子状,这个动作可以直接让山上侧膝盖打开(图❸)。抬单脚时,支撑脚需要配合下面章节才能够有效承重(膝盖在下压时不能怂)。

这个练习可以分为两个难度级别,简单的版本是正常做一个抬单脚弯,在转弯完成后单脚横向穿越雪道时,将山上抬起的那只脚做脚心贴着支撑腿的小腿向上微微抬起,类似踢毽子的感觉。

难度级别高的版本是在转弯的初期就要做单脚支撑并转弯,在这个过程中另外一只抬起的脚直接做踢毽子的抬腿动作。这个练习能够很好地让你找到山上腿膝盖打开的感觉,同时也练习了山下腿承重以及身体平衡。

🐱 立柱顶千斤,膝盖不能怂

提到下压,我想每个滑雪人都有自己的理解,如果让做一个原地模仿,相信大多数人都会先去做一个下蹲动作。然而这样做会把你的力量因膝盖的弯曲而卸掉大半,直到膝盖不能再下蹲的位置且肌肉绷紧后才开始传导力量到脚。

那我们说的下压到底是不是要蹲下去呢？这里所说的下压，说的是力量下去到脚，将身体的重量以及大腿肌肉发出的力量通过腿部的骨骼，直接传导到脚。其顶点在髋关节的股骨头，底点在山下脚整个里侧。膝关节这里只是保持骨骼支撑，不应该在此卸力。

立柱顶千斤，打折的立柱顶不住你的身体！

膝盖过于挺直　　　应保持膝盖适度弯曲

如果你在向下向雪板发力时候膝盖做了持续弯曲，那么你会感觉到脚下松软且踩不住雪板，为什么？那是因为你主动地把自己的力量通过膝盖这个人体减震器卸掉了！

当你有重心后坐，发力踩不住雪板的问题时，烦请采用高站姿，发力时膝盖有点"骨气"，顶住别怂，相对直一些，这里的直不是绝对的绷直膝盖（图❶），保持一定的生理弯曲即可（图❷）。这样的关节结构才能够有效地传导力量到脚，记住，立柱顶千斤。

小结　保护好你的膝盖

膝盖是滑雪时人体的减震器，时而需要挺直腿立柱支撑身体，时而要弯曲吸收不同地形带来的冲击。保护好你的膝关节才能健康滑雪到 90 岁，不正确使用膝关节会大大缩减你的滑雪寿命，滑雪知识的学习是保护好膝盖的最佳途径。本章节虽然篇幅不大，但非常关键，如果你有滑雪时的 K 腿问题、膝盖疼痛问题建议仔细阅读。配合阅读上下两个章节：第一章髋关节，第三章踝关节，你会发现很多膝关节问题是由于上下两个关节导致的。

总的来说，K 腿姿态一个是由不正确发力方式内扣膝盖造成的；另一个是由于不正确的身体重心摆放，致使山上脚承重且无法完成内侧腿膝盖打开造成的。

第三章
被忽视的踝关节

🐾 踝关节概述

踝关节，滑雪中看不见，最容易被忽视，也是最薄弱的关节。常言道：千里之行始于足下！滑雪也是如此！"足下"的不稳定会直接导致雪板的晃动、打滑。

说是踝关节，其实是整个足部，包括足底和踝关节以及足部的一些小关节，按照解剖说起来就复杂了，所以在这里我们统称为脚踝。本章会从发力的角度讲解脚下在滑雪时的感受，使滑雪者更容易体会脚下的反馈。

🐾 脚的发力

脚在滑雪时被雪鞋禁锢着，在鞋里的动量很小，注意这里提到的是在雪鞋里面的动量很小（如果你的脚在自己的雪鞋里非常晃悠，那它一定是大了）。脚被雪鞋限制住不代表脚部不发力，这个力量可以是向鞋底面，也可以是向鞋底面的里半侧面，亦可以是向底面的外半侧面，甚至是鞋壳里面的上外侧面。

如果你不会发脚部的力量，那么可以说你还没有进入到滑雪的高级阶段。这时候相信会有"杠精"跳出来说："你在那么紧的雪鞋里动一个脚我瞧瞧！""呵呵，即使我在鞋里操控了自己的脚，你能看见吗？我倒是非常希望有一双透明的雪鞋，这样就能够给大家讲得更直观些！"

脚在鞋里是要发力的，且要配合膝盖以及髋关节一起协作。因为有比较长的鞋筒限制，脚踝的旋转动作无法独立于小腿体现出来，所以脚发出来的力量会带动小腿，虽然这个力量小，但由于最接近雪板，因此有四两拨千斤的意义。

🐾 脚发力的方向

别看脚掌就那么小，脚在鞋里可以发很多微小方向力量。里外侧的发力控制着雪板刃的内外侧翻转，也就是大脚趾足弓这一侧与小脚趾外侧（图❶）；前后的发力会使我们的身体重心向前与居中，为什么我不说向后，主要是因为滑雪者在学习滑雪的过程中很容易因为对速度的恐惧本能地向后，

当然在滑雪的高级阶段重心也会向后调整去滑出特定的转弯,那个时候你已经是随心所欲了。

居中的站姿

居中的站姿,特别容易出现一个误区就是永远靠前,一直用前脚掌,靠跪着雪鞋来承担身体的重量(图❶❷❸)。那么我问一个问题,相信你自己就有答案:"站在地上是一个点稳定还是一个面稳定?"如果一直跪着雪鞋,用大脚趾前脚掌站在雪面上,脚跟是完全离开鞋底的,按照上面的问题你自己分析一下这样的基本站姿是否不那么稳定了?

这时候带着满脑袋的问号你会比较蒙:"教练跟我这么说的呀,重心靠前,靠前,跪鞋,跪膝!"这主要是因为初学者在最初接触滑雪时太容易向后躲闪,臀部向下无限靠近地面以随时准备摔倒,靠近地面估计是为了坐地上不疼。其实教练也是苦口婆心想尽办法让你向前一点儿,重心别那么向后。然而这个最初的概念灌输会深入你的滑雪记忆,让你认为滑雪就应该是这样的。滑雪运动是动态的,身体与脚的位置时时刻刻都在微调中,靠简单的跪鞋是解决不了问题的!

重心要居中,居中,居中!重要的事说三遍,脚底下的感觉是前脚掌、脚跟都着地!

❶ 跪鞋舌的站姿

❷ 鞋桶后侧有较大间隙

❸ 脚跟在鞋里不着地

脚部发力的三种形式

接下来我们逐一看一下滑雪时足部主要的发力有哪几种。

第一种是脚踝的前后倾（这里应该用屈，脚踝这个动作会使得身体前倾与后仰，因此我直接用了脚踝前后倾，请勿较真儿！图 ❶❷）。

脚踝前倾是滑雪基本站姿的重要组成部分。由于雪鞋是自带前倾角的，因此我们要屈脚踝以适应雪鞋的前倾角。在整个滑行转弯过程中，需要用脚踝去保持身体的前倾，这时会用到小腿前侧的一条肌肉叫胫骨前肌，它的主要功能是收紧脚踝以及翻外刃，医学上叫足背屈与足内翻（内侧向上翻，脚外侧边着地）。

有时滑雪者会用向上扬起脚面的方式去收紧胫骨前肌，我不推荐这种方式，因为当你这么做时你的脚趾会离开雪鞋（图 ❸），脚趾也是发力的重要部分，就那么大的脚部受力与发力面，你还把脚趾悬空？

怎么做才是对的？向前微微前倾小腿去适应雪鞋的前倾角，微贴雪鞋舌，注意这里是微贴而不是跪鞋，前面我们讲了为什么不要跪鞋，是因为这样做脚跟会离开鞋底，失去了一个重要的支撑点。

不要上扬脚趾收紧脚踝

经典练习：滑行时的前仰后合

体会脚踝的前后倾，这里有一个非常经典的练习动作。双板平行斜滑降出发，身体保持基本站姿，做前倾与后仰的斜滑降穿越线练习。什么是斜滑降？就是雪板斜着从雪道这头滑到那头（图❶❷❸）。通过这个练习去感受小腿胫骨与雪鞋舌前面的压力，以及小腿肚子与雪鞋后鞋帮的压力。如果滑了一天雪，你的小腿肚子青紫了或者小腿疼，说明你的重心严重靠后了！

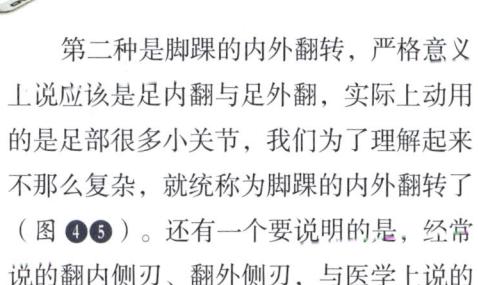

第二种是脚踝的内外翻转，严格意义上说应该是足内翻与足外翻，实际上动用的是足部很多小关节，我们为了理解起来不那么复杂，就统称为脚踝的内外翻转了（图❹❺）。还有一个要说明的是，经常说的翻内侧刃、翻外侧刃，与医学上说的足内翻与足外翻其实是相反的。足内翻说的是脚下内侧也就是足弓一侧向上翻离地面，而滑雪时我们说翻内侧刃实际上是指雪板的内侧刃抓雪、着雪面，对应的其实是足外翻也就是小脚趾一侧的脚外侧边向上翻起。

在整个滑雪学习过程中最容易被忽略的就是脚踝的内外翻转，因为它在鞋里看不到！不仅滑雪指导员看不到学员是否动用了脚下的关节与力量，滑雪者也根本不知道这里还需要发力,还能做微旋转。

(1)挺住雪板刃是脚踝内外翻转后要动用肌肉力量保持的状态。

脚踝的软弱无力会导致雪板刃在滑行过程中无法保持,特别是山下脚的内侧刃。没有刃没有转弯,转弯时脚踝不用力挺住,雪板就会打滑。

那么如何做到挺刃呢?为什么有难度呢?这主要是因为雪板刃在我们脚下的两侧,而不像滑冰的冰刀在我们足部的正下方。当我们想做立刃动作时,雪板边刃对于脚会有很小的扭矩,在滑雪过程中整个身体的力量会施加在脚下的里侧边上,这个力量是巨大的,特别是雪面返回来的力量会强烈地要把你的脚顶翻(图❶)。

可能这时候你会说怎么会有来自雪面返回来的力量呢?力量是相互的,我们的身体重量以及肌肉向下发出去的力量会集中到脚下并传导给雪鞋雪板,最后到雪面,雪面会以同样大小、同样的方向把这个力量返回来,这是牛顿说的,所以如果你不去发力对抗或平衡这个力量时就会保持不了立刃姿态。

那如何找到并感受这个力量,你可以单脚横向地站在一本较厚的书上,但只站一半的脚掌(图❷),如果脚踝不持续发力去保持平衡,你脚就会被书边缘向上的支撑力顶翻。这时感受到的脚下发力就是我们在滑雪过程中向雪板里侧边刃应该发出的力量。

(2)脚踝的主动发力立刃。

上述是脚踝保持雪板持续立刃的发力,也就是你已经站在雪坡上了,脚的内侧站在书边上站一半脚的感觉,这个是"被动"发力。如果我们在滑雪时想开启一个转弯,首先需要立刃,哪怕是微微的立刃也可以引发一个转弯。这时候我们就需要主动发力。身体下肢:脚踝、膝盖、髋关节这三个关节都是可以发力引发立刃转弯的,当然完美转弯是三关节联动的。

不过在滑雪过程中（自学），我们通常会先动用一个关节去带动雪板立刃，那就是膝关节，用扣膝的方式去带脚与脚踝，这是个严重错误的动作，会引发 K 腿形态以及膝关节疼痛，久之会造成膝关节损伤（详见第二章膝关节 P029）。

滑雪指导员会在学习的初期说使用脚踝去开启一个转弯，注意这里说的是学习的初期，随着我们滑雪技术的提高，踝、膝、髋三关节联动才是最终目标！学习是有顺序的，初期用脚踝开启一个立刃转弯，从关节使用难度上略微难了些，因为平时我们很少运用脚踝的内外翻转，但从减少关节损伤角度讲，用脚踝引发转弯能够较好地避免膝关节内扣而产生的运动关节伤害。

当然髋关节也是可以引发立刃，这里我不推荐学习的初期动用髋关节去立刃，为什么？髋关节的横向移动确实可以带来比脚踝微弱立刃更快更高的立刃角度，然而对于初级阶段的滑雪者来说，他们本来就因为对速度的恐惧向后躲闪，动用髋关节向弯内横向移动身体重心去立刃会直接导致山上腿承重，山下腿无压力（具体髋关节问题请参看第一章髋关节反弓部分 P010）。

（3）脚下如何发力立刃

| 发力翻内侧刃 |

我们先说山下脚的内侧刃脚踝是如何发力的，大脚趾这一侧的整个足内侧有向地面按的感觉（图 ❶❷）。注意这里是包括大脚趾，有些人会把大脚趾扬起来只踩大脚趾下面那个圆球（图 ❸），这样的话会少了大脚趾这段，即便再短它也是能够承受一部分重量的，整个足部的里侧线都着地发力（图 ❹）。

丢失脚趾的支撑

这时候我们重新提一下滑雪时是否应该跪鞋的问题。如果你采取跪鞋发力立刃，

跪雪鞋发力导致足跟无法着地，稳定性差

此时脚下的感觉是只有前脚掌的里侧部分着地（图 ❶），后脚跟是空的。再抛出那个问题，你自己就会有答案："是一个点稳定，还是一条线稳定？"那肯定是线稳定！那么一味地追求跪鞋让前脚掌发力一定没有整脚掌内侧发力稳定！

如果脚踝根本找不到这个向内侧按的力量该怎么办呢？又该怎么去找到这个感觉呢？你可以尝试在地上放一本书，厚度适当不要过于厚，用小脚趾这一侧站在书上，大脚趾这一侧悬空，然后将大脚趾这一侧按向地面，这种感觉就是滑雪时山下腿里侧刃的立刃发力方式。

| 发力翻外侧刃 |

说完了山下脚里侧刃，我们来说山上脚的外侧刃（图 ❷）。这是一个极其有难度且需要大量练习的薄弱环节，绝大多数滑雪者不会用这个力量。

翻转山上脚外侧刃到底是什么样的发力感觉呢？

这时候你应该会说："不就是把膝盖往开打，刃就翻起来了！"当然这样做也没什么不妥，不过如果你的脚没有发力控制立刃，即便是你膝盖打得再开，山上脚雪板还是"秃噜"的（不稳定的），而且会伴随出现"V"字形（详见后面"脚踝的平转"见 P049）。前面章节已介绍了，脚踝的发力对于挺住雪板刃起到至关重要的作用，脚在鞋里不稳定，雪板刃自然会晃来晃去！

脚在鞋里想要做一个立外侧刃的动作，实际上是发了一个足内翻的力，如果本能地理解，你会觉得足内翻？那不是里侧刃？嗯！其实我最开始也是这么认为的。仔细理解一下字面意思，足内翻，那就是脚丫子的内侧，足弓这一侧向上翻转，那不就是小脚趾这一侧也就是外侧脚掌着地吗？类似崴脚的感觉？这么一说明白了吧！

其实要做一个好的立外侧刃，脚踝不仅要向小脚趾这一侧翻转，还要做一个向内侧的旋转（这个我们在 P049 "脚踝的平转"里会接着讲）。脚在鞋里具体要怎么发这个力量才能够撬住雪鞋从而撬动雪板立外侧刃呢？

首先，要确认你在滑行转弯时，髋关节正确的使用，身体重心在山下这一侧（请

参看 P008"髋关节反弓")。只有这样山上脚这一侧的脚以及膝盖才能够做相应的打开动作。

其次,脚下发力的感觉是这样的:小脚趾这一侧的三个趾头,以及小脚趾下面的"肉垫"(图❶❷)向雪鞋底板发一个向侧下按的力量,小脚趾这一侧的脚背会向上有一个拱鞋壳的动作,通过这两个点的发力,将鞋壳撬动向外侧翻转。

在转弯的整个过程中这个力量不能松掉!松掉脚踝以及脚部的发力会让山上脚失去控制。由于身体重量在另外一只脚,也就是山下脚,本来就没有体重压制的山上脚如果再失去脚部的控制发力,那你的雪板就会表现出晃晃悠悠的形态。相信很多滑雪者在滑行过程中,山上脚有一种无处安放的感觉。

以上所说的脚下的发力感觉,实际上我们用了一个足部的旋转将脚在鞋壳里涨紧,由于我们的雪鞋不是定制的,脚在鞋里多多少少都会有一些空间,通过脚的扭转将鞋的间隙涨紧从而撬动雪鞋,撬动雪板立刃。如果我们是世界冠军,那么雪鞋厂家会排着队给你定制雪鞋,你的脚会完美地发力控制雪鞋,这时候你就不会感觉到脚在鞋里有扭转了。

脚踝翻转立刃练习

第一,说到了脚踝的立刃作用,给大家提供一个很好的平坡双脚立刃练习,这个练习是立刃卡宾的基础练习,需要在非常缓慢的平坡上完成。

以基本站姿直滑降出发,但这个直滑降要求有点高,要求你的板底完全是放平的,两小腿平行,不能夹膝盖,不能是两个里侧刃着地的小犁式板形(详见K腿章节P032)。在一个标准直滑降的基础上,通过翻脚踝去打开山上脚的外侧刃,对,山上脚的外侧刃(下页图❶)!这时候你会说:"不是要着重于山下脚的里侧刃吗?为什么打开外刃?"

对于刚开始接触刻刃滑行的滑雪者来说,你的山下脚内侧刃的使用已经比较熟练了,不用过脑子也可以自己立刃滑行。相反山上脚的外侧刃一直处于未开发状态,通过上面章节对于脚部发力的描述,你可以穿上自己的雪鞋去感受一下山上脚向外侧翻

第三章 被忽视的踝关节 -047

转的发力方式。将这种发力方式运用在此练习中。

当你在直滑降过程中打开一侧脚的外侧刃，直滑的平衡因此动作发生了变化。相对于没有打开外侧刃的那只脚，打开外侧刃的这一侧实际上腿微微地收短了一些，这样身体重心会向收短这一侧偏移，那么，另一条腿因为重心的偏移，脚会自动立里侧刃，一个基础的卡宾轨道弯就这样简单地开启了（图 ❷）。

为什么不是完成呢？说开启那是因为还差了一个重要的平衡环节，如果按照上面的动作，我们没有调整身体，身体就会倒向翻外侧刃且微微收短的那条腿也就是山上腿，那样就山上腿承重了！我们要如何平衡呢？对，就是那个反弓，完成上述动作，同时需要将我们的身体以山下腿的髋关节为折点，做反向的外折平衡（图 ❸）。说起来有点复杂，但是如果你去尝试一下，这一切似乎都由身体自动找了平衡，不需要你去刻意地想自己的身体如何做反向平衡。唯独你要主动去做的就是脚部主动发力翻开外侧刃。

上面练习如果你的身体没有出现我所描述的自动外侧找平衡，我们还可以通过另外一个练习来找找自动的感觉。

第二，还是以直滑降姿态出发，垂直抬起其中的一条腿，让另一条腿单脚承重，这时候身体一定会向承重的这一侧去做平衡，而且折点肯定是髋关节，承重的足部也会感受到内侧刃的压力而不是纯平板。为什么？当我们直滑降姿态时，我们的身体重心会在两个支撑腿中间，相对于左脚或者右脚，身体重心都在旁边，因此当你收短一只脚时，因为身体重心偏向了收短这一侧，身体为了保持平衡就会自动向支撑腿偏移（下页图 ❶）。

在缓坡双脚交替做垂直抬脚直滑降练习能够对单脚平衡进行很好的训练。需要注意的是这个练习是建立在良好的直滑降基础之上的，不要把直滑降改变成小犁式滑降。适当尝试窄站距做这个练习，让双腿交替垂直提起，从最开始的提起一只脚，另外一

只脚会立刻扣里侧刃，到后期可以用支撑脚能够稳定平板单脚直滑，这是对足部稳定很好的练习，建议大家尝试一下。

第三种是脚踝的平转，这是踝关节又一重要的功能，虽然又是微动，但其重要功能却不可小视。相信已在滑雪的你应该听说过"拧转""铁轨弯""V字板"这几个名词，在这个章节我们会以上面的三个经常听说，但似乎又不知道怎么做到的技术点为例，给大家讲述脚踝的平转功能，当然这些动作不只是脚踝平转带来的，还要配合上文如脚部的翻转功能、髋关节的旋转等技术一起完成的。

❶

（1）拧转。中国文字博大精深，一个拧转代表着非常多的意思！下面我从自己教学经验总结的角度给大家解读一下"拧"这个字到底是拧在哪里。

听到拧，常识上理解应该是有旋转，拧瓶盖、拧毛巾、拧螺钉等，从上面这些生活中的常见动作我们可以分析出，拧是需要用力的（这废话），反映到滑雪中"拧"又在哪个关节呢？低头看一下我们腿部可以旋转的有几个关节，脚踝、膝盖、髋关节，脱口而出。拧转？怎么拧，又为什么要发力拧呢？

髋关节（上）、膝盖（中）、脚踝（下），自上而下的三个关节中，只有膝关节是不能旋转的，它会被上下两个关节带着改变指向，但是从我们观察事物的视角，滑雪时的旋转看上去就是来自膝盖，那句话怎么说来着："你看到的有时候不是真的！"当你自学滑雪时，你会用自己的眼睛去观察、去学习，那么你看到的滑雪"大神"的膝盖似乎都是在旋转，如果你用膝盖开启你的滑雪生涯时它离结束也就不远了。

就剩髋关节和踝关节了，这两个关节哪个是需要拧转的呢？滑雪过程中滑雪者会动用肌肉群比较发达的髋关节去驱动大腿旋转，从而带动雪板做旋转。髋关节的驱动是自上而下的，驱动中间会带动膝盖做方向的指向改变（下页图❶），然而这个旋转驱动会因为中间有个膝关节（膝关节可以做出内扣的错误发力，详见膝关节章节）致使旋转力的传导会在膝关节部分出现偏差，当旋转力到达脚踝时已经所剩无几。重点来了！人体的重量最终还是要落至接触地面的脚，脚下的压力是很大的，特别是我们脚下踩了个雪板，再立了一个刃切入雪中，如果足部不发力去旋转雪板，光靠自上而下的髋关节那点驱动力是不够的，因此脚下有踩着雪鞋底拧的感觉，拧转！当你的脚做了拧转,才能使雪板与被髋驱动的膝关节同步旋转角度,只有这样,膝盖才不是内扣的扭转,膝盖要与脚的朝向一致!

(2)"V"字板形的出现标示着你已经处于滑雪的中级阶段,为什么这么说呢?这种板形是建立在山上板几乎没有压力的基础上的。它不像 A 字板形那样(详见第五章"难以跨越的小'A'板形"P140)是因为身体重心不能及时跟随新的山下脚移动,造成旧有承重脚跟随新山下脚有时间差造成的。V 字板形的成因主要是我们的脚部缺少了一个发力,当然我们说了半天 V 字板,V 的是山上板。

以一个平行式横滑降来解释为什么我们要发脚下的力量去控制山上脚的 V 字板。横滑降过程中,如果你把身体重量全部放在山下脚,放任山上脚不管,那么在下滑过程中山上脚就会自动的 V 起来(图❷),也就是板头会向山上旋开,旋转轴当然是我们的脚踝处。为什么呢?其实这是一个摩擦力大小的问题,我们低头看一下山上这只雪板,板头长板尾短,在下滑过程中雪板外侧刃与雪面会有摩擦产生阻力,而板头因为长于板尾受到的雪面阻力会大于较短的板尾,因此如果你的脚不发力去控制雪板头,它就会自然地在板头打开 V 字。

还是不明白?换一种说法,两个人在用扳手同时拧一颗螺钉(脚踝处就是那颗螺钉),这两个扳手一个大且长(板头),一个小而短(板尾),你觉得哪个人会赢呢?肯定是长扳手这一侧,因为扭矩大于短扳手(图❸)。

板头受到的雪面摩擦阻力大　　板头对脚踝的力臂大于较短对板尾

✳ 解决V字板的练习

解决V字板其实很简单，需要你的脚在鞋里发一个与板头向外旋转相反的力量去控制板头就可以了。那么脚下的感觉就是脚踝在翻转立外侧刃的基础上，向内侧施加一个微微的旋转力（图❶❷❸）。如何找到这个感觉？站在一个稍微陡些的雪道上做横滑降（图❹❺），在下滑过程中全程要站在山下脚的里侧刃上，身体站直就好，山上脚先不去做任何控制，就是跟随下滑，这时你低头去看一下你的山上脚，板头会自动的向山上旋转形成V字板；然后我们接着下滑，脚下小脚趾这一侧向鞋的底面发一个下按的力量，同时脚踝发一个向内侧旋转的力量去对抗向山上V的板头（图❻❼）。请记住这个发力的感觉，在整个滑行过程中山上脚是这样发力的，是的，在整个转弯的阶段，双脚！双脚都要发力的！

山上脚踝无发力控制，雪板呈V字形

（3）通过上面众多对于脚踝发力功能的描述，我们可以开始说一下"铁轨弯"的脚下发力动作了。其实做一个好的轨道弯关键在于山上脚，也就是旧有山下脚逐渐转变为新山上脚的时候。

第三章 被忽视的踝关节 -051

如果你曾经尝试过铁轨弯这个练习，相信你的山上脚滑出来的一定不是一条线。

在滑出完美双轨迹之前，首先要确保你解决了V字板的问题！然后我们来说一下山上板到底要不要承重！

假设山上板没有任何身体重量，且脚踝有发力控制了良好的外侧刃。然而光靠这些是不能使雪板弯曲的，因为它上面没有压力。那么问题来了，到底山上腿要不要分配身体重量呢？分配重量意味着山上腿有承重，不是说把重量都放在山下腿么？但是山上板如果不分配身体重量雪板不会变弯，这样就滑不出弧形轨迹！

好问题，其实还有其他办法给予山上板压力，且不会让身体重力转移。我们还有肌肉啊！想要山上板外侧刃有压力，还能切入雪中走一个弧形轨迹，需要发好几个力且这些发力是有顺序的。

首先需要脚踝向小脚趾这一侧翻转，这样我们得到了一个基础立刃，但这是不够的，不足以把板头的外侧刃切入雪中（图❶）。我管板头的外侧刃切入雪中叫作"入刃"，如果你想滑一个很好的铁轨弯，一定是从板头入刃逐渐贯穿整个雪板的。那么只是向小脚趾这一侧翻转脚踝立外侧刃是不够的，还有一个脚前部向内侧的微旋转（参考"脚踝的平转"中"V字板"章节P050，图❷❸）。

了解了脚部的发力后，小腿要有一个向外侧刃旋转的感觉（下页图❶），这个动作一定要在脚部的动作完成后，雪板头入刃切入雪中才可以发这个力。为什么呢？往往我们想要滑铁轨弯时先向外拧转了膝盖和小腿（这是视错觉，实际上是髋关节外旋），而脚下没有相应的发力控制，这就直接导致了山上板的板头无法入刃切入雪面，而且还会形成更严重的V字板。

当以上两个发力做对后，你的山上腿的小腿以及脚踝会有一种相当拧巴的感觉，那是因为

你的小腿及膝盖向外侧旋转发力,但是这时候板头处却因为脚踝的发力已经切入雪中,小腿向外侧旋转的力量会因为板头切雪而受到阻挡,而脚踝会因此感受到与小腿外侧旋转相反方向的旋转力量(图❷❸),极其拧巴!如果你感受到这样的力量回馈,那么恭喜你,铁轨弯开始了。

要注意,开启轨道转弯以后一定不能旋转大腿!身体要跟随雪板同步移动,不要再主动旋转大腿,一旦旋转大腿就会引发侧滑,就不再是铁轨弯了!切记!

※ 铁轨弯练习

几个练习教你慢慢找到铁轨弯的感觉。我们把练习步骤按照脚下的发力,小腿与膝盖的发力外旋一步一步地叠加,从简单到实现轨道弯。

第一个练习,平坡翻转外侧刃。

在比较平的坡直滑降,翻转一侧的脚踝立外侧刃,这个练习我们在关于立刃的练习部分有所提及,具体请参看P044。

在这里需要强调的是:翻转脚踝后需要保持发力且不能平转引发雪板侧滑,脚下感受到立刃后便需要慢慢等待雪板刃领着我们的身体入弯。足部的发力感觉是向小脚趾下面,脚外侧那个点向雪鞋底面外侧发力,小脚趾这一侧的外脚背靠近脚踝那里有向上顶鞋壳,脚后跟在这个练习中是微提起的(下页图❶),整体更像是以小脚趾那个点为轴点脚踝做了微微的翻转。

这个平坡翻转脚踝的练习适合用高站姿来完成,专注于山上脚脚踝以小脚趾为支撑点去翻转。注意一侧转弯练习后先回到直滑降姿态再重新开始另外一侧的练习,切记心急做连续左右侧翻转,一定要回到直滑降姿态!

第二个练习，平坡双脚翻刃练习。

这个练习是在上面练习基础上增加了另外一只脚的控制。

依然是平坡直滑降，后面连接两只脚的同步脚踝翻转，山上脚向小脚趾一侧翻转，山下脚向大脚趾这一侧做微翻转，这里我用"微翻转"来描述山下脚这一侧向雪板内刃做立刃翻转。

为什么是微翻转而不是正常翻刃呢？因为往往我们的山下腿内刃都比较熟练，非常容易出现立刃过度，导致内外刃不同步。而内外刃不同步会造成山下腿向弯内的推力过大，造成身体特别是胯被推向了山上腿，此时再向外翻转外侧刃就会失去平衡，向山上一侧摔倒。

这个练习弯与弯之间的衔接依然要回到直滑降之后再开启双脚的同步翻转脚踝，切勿心急！

第三个练习，斜滑降穿越线轨道弯练习。

这个练习需要在中级坡道且比较宽的雪道上完成。过程中需要横向穿越雪道，因此在出发前一定要观察山上其他滑雪者的情况，确保安全后再开始练习。

横向站在雪道上，保持双板平行，身体重心以山下胯为折点，完全放置山于下腿。

膝盖保持微屈，双脚脚踝按照第二个练习的方法同步向山上一侧翻转，山上腿的膝盖以及小腿在脚踝发力翻转外侧刃后，有一个向外侧（山上那一侧）旋转的感觉以增大立刃。

用雪杖适当助力推动身体开始斜向穿越雪道（图❷❸❹），保持刚刚在静止状态下摆好的姿态，跟随雪板行进，身后应该画

出两条干净的弧线!

什么? 没有啊? 很正常,看看你是不是在整个过程中保持了山上脚的翻刃状态;是不是身体始终以山下髋关节为折点把重心完全放置于山下脚这一侧且持续保持;是不是在整个穿越过程中没有因为对速度的恐惧旋转了雪板,做了向山下的板尾侧滑。

这个练习需要不断的尝试才能找到感觉,滑行的轨迹也需要从横向穿越雪道逐渐地斜向穿越雪道以感受在速度下雪板切入雪面的感觉,最终能够做到先直滑降放一定速度,然后开启一个双腿的铁轨单侧弯。

第四个练习,铁轨弯缓坡衔接练习。

别看前面有个缓坡二字就觉得这个练习简单,然而这个练习是整个四组练习中最难的部分。对于脚下的控制要极其精准,且需要一些足部的力量,关键还要有耐心,慢慢等待雪板入刃。

在本章的最初我有谈及关于山上板板头如何入外侧刃,脚下需要发的几个力量,在这里我们再讲一次。

山上板这一侧的脚要以小脚趾下侧面的点为轴发一个向侧前翻转的力,小脚趾这一侧的脚背靠近踝关节那里会感受到向侧上顶鞋壳,脚踝要向内旋,这一点非常重要也是非常难做到的(详见脚踝的平转P049)。

讲完脚下的发力感觉,我们来说练习要点,首先斜滑降出发,要关注的是换刃那一刻的旧山下脚,它才是铁轨弯入刃的关键!在转换区,身体要开始跟着新的山下脚(原山上脚)去下一个弯的圆弧方向(图❶❷);此时旧山下脚减压,可以做上面描述的脚下动作,细节在于脚踝向内旋让板头逐渐入刃(图❸❹),且这时候雪板还处于山下板阶段在逐渐的向前向

身体跟随新山下板移动

控制里脚脚踝旋转让板头入刃

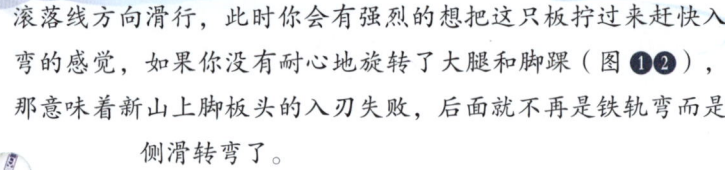

滚落线方向滑行，此时你会有强烈的想把这只板拧过来赶快入弯的感觉，如果你没有耐心地旋转了大腿和脚踝（图❶❷），那意味着新山上脚板头的入刃失败，后面就不再是铁轨弯而是侧滑转弯了。

通过不断的练习才能够找到这个入刃的感觉，先单侧练习，然后停下重新出发练习另外一侧，两侧都能够准确地将雪板刃切入轨道后再去尝试连接两侧的转弯，在弯与弯之间要衔接放平板后再换刃（在斜滑降穿越雪道时）。

必须重视踝关节

整个脚部的控制在滑雪过程中极其的重要，不亚于髋关节的正确使用，并且双脚！转弯的任何时刻都是要有控制的！我们往往在转换身体重心至新山下腿后，对山上腿不管不顾了，这样会造成多种常见问题，需要引起重视，新的山上脚是由旧的山下脚变来的，虽然身体重量转移走了，不代表不去动用肌肉控制它，等它已经成为山上脚时候再去想着翻转外侧刃，打开山上腿膝盖已经晚了！切记！

第四章

永远的犁式，一切的基础

🐱 犁式转弯概述

此章主要针对初级滑雪人群,非常详细地讲述了犁式转弯以及在学习过程中容易出现的常见错误。不管你处于什么滑雪阶段,犁式转弯都应是基础中的基础!

犁式转弯,顾名思义这个滑行姿态雪板所表现出来的形态类似农耕用的犁(图❶❷),即前端小后端敞开呈三角形。犁可以将土地翻开形成沟壑以便于播种,古代的犁都是用牛来拉动的,可见其阻力之大。

换做滑雪板,当我们用大腿横向打开并向内侧旋转,将雪板模拟出犁的形态时(图❸),相当于用滑雪板在雪面耕地,因阻力变大使得滑雪者减速,我们形象地将这种动作称之为犁式刹车。犁式转弯是在保持犁式雪板形态基础上的一种转弯技术。

那为什么在学习滑雪的最初期要用犁式转弯这种技术呢?主要有以下几个原因:
(1)犁式板形自带刹车效果;
(2)犁式板形直接使雪板处于立刃状态(立刃可以产生转弯,后面我们会讲);
(3)犁式转弯可以让初学者先关注一条腿的运动。

滑雪是双腿双侧运动,从学习难度上讲,同时控制两条腿、两块雪板比控制一侧的腿和雪板要困难得多。将动作拆分学习符合由简单到困难的学习顺序,且犁式的自带刹车效果可以良好地消除人们对于速度的恐惧,提高学习效率。在恐惧下身体是不受支配的。

上面说了这么多，作为初级的"小白"你可能还是没有什么概念，接下来就让我们一步一步地开启滑雪之路。

🐱 如何正确地打开犁式

基本站姿

首先要学习的是滑雪基本站姿，在基本站姿基础上再打开犁式板形。尽管我们有专门的章节去讲解滑雪的基本站姿，在这里还是要重复强调一下。穿好你的雪鞋，踏上雪板，至于怎么穿雪鞋雪板就不在这里描述了。

双脚站立需要保持雪板的平行（下图❶❷），雪板之间有适当的间距（每个人不同，详见基本站姿篇章P159），脚踝、膝盖、髋关节微弯曲。

基本站姿的常见问题

（1）跪在雪鞋上，脚后跟不着地

基本站姿整个脚掌应踏实在鞋底（下页图❶❷），由于雪鞋有前倾角度会使我们的脚踝微弯曲，膝盖也会因此而弯曲，此时如果你的髋关节不配合同步折叠，就会出

现一种跪在鞋舌的感觉（图❸❹❺），脚跟无法着地承担身体的重量（图❷），这是一个很常见的问题。

（2）腰代偿髋关节弯曲（折叠）

在髋关节弯曲（折叠）这个动作中，时常会出现用后腰的弯曲代偿（下页图❶），这也是一个会产生诸多问题的错误动作。

（3）过度弯曲膝关节

还有一种基本站姿的常见错误必须是在滑动中才会出现，那就是膝盖的过度弯曲（下页图❷），可能是因为害怕未知的速度带来不可控的风险，也可能是预料到自己将要摔倒,将臀部离地面近些可能摔不疼,不管什么原因,这种过度弯曲膝盖的基本站姿会使你的膝盖撑不过两小时就会有酸痛感,如果你体重超标且大腿肌肉无力,那么这个时间很可能缩短至 30 分钟。

原地打开犁式

简单地讲解了滑雪基本站姿之后(如果详细了解,详见基本站姿一章 P159),我们要开始学习如何正确地打开犁式。

平整雪地上,保持滑雪基本站姿,横向劈开双腿(下页图❶❷❸),注意不要用力过猛,会劈叉的!双腿处于人字形后,将大腿向内侧旋转,脚后跟有向外推的感觉(下页图❹❺)。这个动作在原地静态下准确地做出来并不容易,对于已经入门滑雪的滑雪者来说非常简单,但对于零基础的人来说则需要多尝试才能够逐渐掌握。原地推开犁式的动作,需要大腿的横向打开加上大腿向内侧旋转同时完成。为了较为容易地练习这个动作,可以先多尝试横向打开几次以后再加上内旋的动作。在尝试过原地的动作后,用雪杖撑动身体向前滑动(下页图❻❼❽),并在滑动过程中做出打开犁式动作,如果你能够比较准确地打开犁式,那么,你将会减速并停止向前滑动,犁式板形也可称之为犁式刹车,之所以能够减慢速度,是因为增大了雪板边刃与雪面的摩擦。

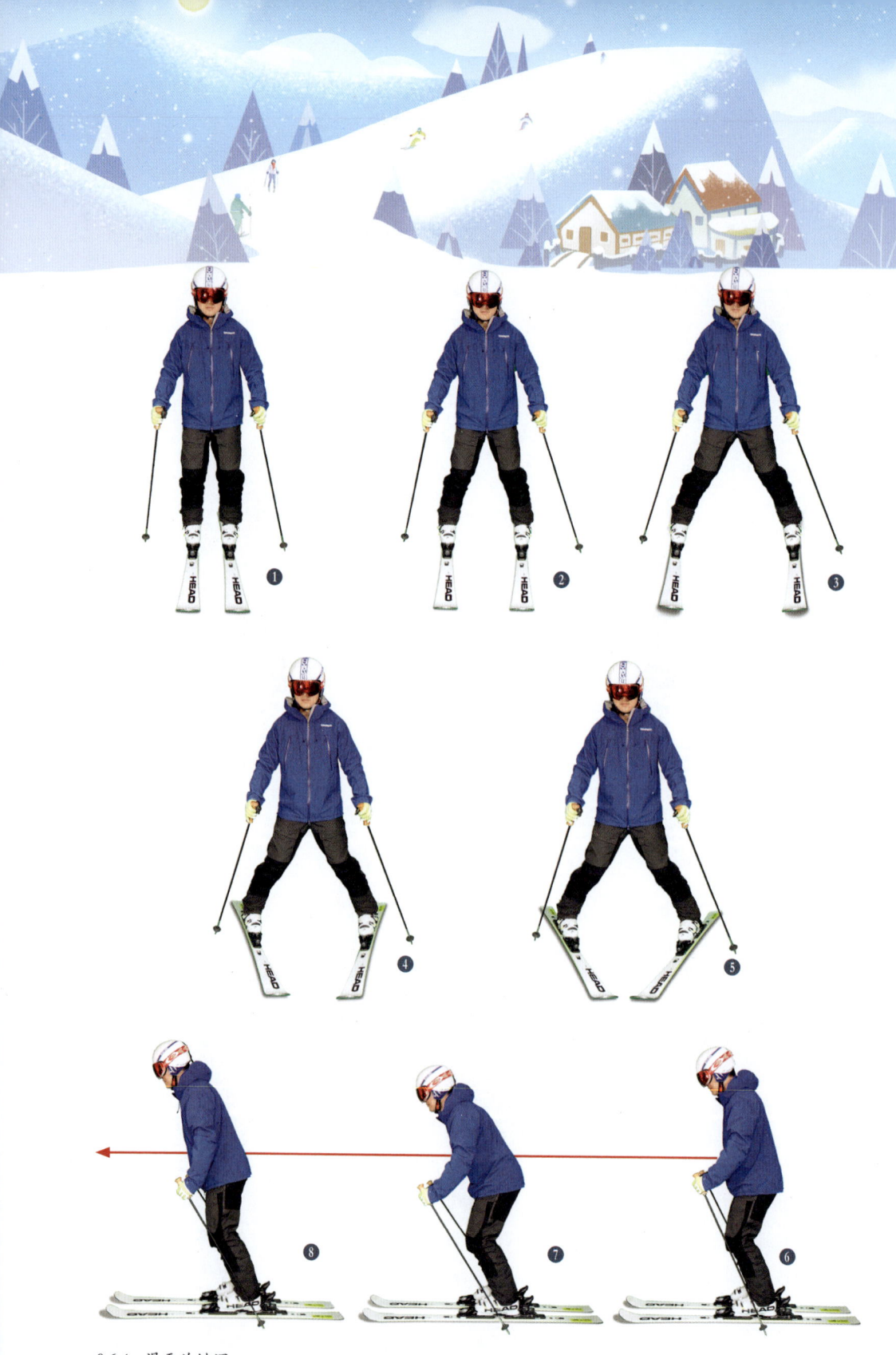

犁式刹车常见错误

（1）过分地弯曲膝盖，并向内侧旋转（图❶）

我们称之为扣膝，出现这个动作的原因也跟下一个错误动作有关联。

（2）脚踝无法保持立刃状态

当我们打开犁式板形后，身体重量则完全落到了两只脚的内侧脚掌边缘（图❷❸），这时脚踝（这里统称为脚踝，实际上是整个足部，由于足部骨骼复杂，因此为了简化则统称为脚踝）会感受到一个来自地面的力量，强烈地要把你的脚踝顶翻（图❹），由于穿着雪鞋脚踝被限制住，会导致膝盖往开打并将脚连同雪板平放在雪面（图❺）。如果在平地不穿雪鞋模拟这个动作，你的脚掌一定是平贴在地上的（图❻）。那么这个动作又是怎么导致问题膝盖内扣呢？你

夹膝盖模仿犁式板形

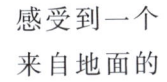

犁式板形时应保持脚踝挺住力量，挺住雪板刃

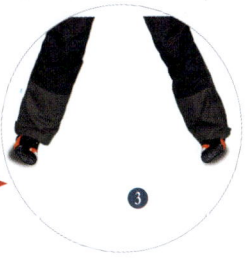

来自雪面的支撑力施加在脚的里侧边缘，对脚踝有一个扭转力

脚踝放平致使雪板没有立刃

不是说这时候膝盖会往开打吗？这不是前后矛盾？打开犁式板形为的是减速刹车，刹车需要靠雪板边缘锋利的边刃切入雪面，并与雪面产生摩擦致使滑雪者减速。问题2的动作将雪板完全放平，而雪板的板底材料却是为了更滑而设计的，当滑雪者发现无法达到减速效果时，会自动地将膝盖内扣且夹住（图❶），形成一个本能的安全反应，脚踝也因此动作被动地翻转带动雪板立刃（图❷），雪板刃接触雪面产生了刹车效果。然而这一系列的神操作都是身体的本能反应，在滑雪世里跟随本能反应十有八九都是错误的。正确的是脚踝要挺住力量，不能趴平（图❸）。

（3）髋关节过度向后退（图❹❺）

这个问题也与上面脚踝不发力相关联。其实初级滑雪者并不是想把臀部向后退很多，身体重心落后。他们是想通过髋关节向后这个动作将雪板边刃立起来减速，当然这也是本能反应。因为脚踝不会发力而导致雪板被放平，速度越来越快。将髋关节（臀部）向后退却能使雪板刃立起来与雪面产生摩擦从而减速（可以穿上雪鞋在家里原地模拟一下，图❻❼），这会错误地使你感觉到越向后坐臀部减速效果越好！初学者在髋关节向后退时往往上身也跟着一起向后，做不到胯部向后肩膀向前的及时反应，因此身体会严重地落后于向前滑动的脚，最终导致失去平衡摔倒。

犁式上雪前的建议

原地模拟本应在雪坡上完成的犁式刹车动作便会出现上面所说的问题,但上到雪坡之前又不得不原地讲解犁式刹车的动作要领,哎,矛盾啊!有时候滑雪指导员为了学员的安全,不得不做一些迂回式教学,基础的重复与叠加,甚至进三退二,最终学员达成学习目标。希望读到这里的你能够理解,每一位滑雪指导员的内心都是想把技术无保留地输出给学员,而不是故意拉长学习时间枉费时间和金钱。

刚刚学会了如何做犁式刹车动作,是不是就可以做缆车、上魔毯了?很不幸的是,暂时还不可以!如果你不想摔个生活不能自理,或者把别人撞个人仰马翻(撞坏了要赔很多钱,切记),那就还需要学两个基本技能,配合犁式刹车多练习后才可以去挑战初级道。

有那么难吗?不就是从上面溜下来!中肯建议所有滑雪者,特别是爱挑战的男性滑雪者,趁你还是零基础的时候,正确地学习会大大减少滑雪这项"高危"运动的受伤概率。建议请教练要趁早,打下良好的基础能够使你疯狂地爱上这项有魅力还能够解压的运动。

现代社会的压力让人透不过气,滑雪运动是减压利器,既然你都看到了如此深入的章节,说明你是个爱学习人士,让我们一起继续完成滑雪的首次下滑体验。

上雪前必须学习的两项技能

接下来要学习两个简单的技术便可以安全地下滑了,一是原地转向技术;二是侧向蹬坡技术。

原地转向技术

为什么要学习原地转向呢?想象一下,在你站到雪坡之前总得调转方向面向雪坡低处吧!掉头技术不学,还没等你摆出犁式刹车姿势,你就已经冲下去了,好尴尬哦!动作要领很简单,以你的板头为轴将板尾打开(下页图 ❶-❻),另一只雪板也以同样的步伐跟上半步,要注意的是跟上来的雪板不要完全跟随并平行于先迈出去的雪板,需要让雪板保持一定的犁式板形。为什么?假设我们横向站在雪坡上,想调转方向并滑向雪坡下方,以上面的调转雪板方向技术开始移动雪板,注意要先移动山上一侧的

以板头为轴向山上跨小步最终以犁式刹车姿态正朝山下

山下方向

用雪仗辅助撑住身体防止雪板向前滑

雪板，以板头为轴移动板尾，山下一侧的雪板跟随一小步，跟随后的雪板形态为犁式刹车板形，当我们逐渐一步一步地移动雪板至面向山下时，雪板已经完成了打开犁式刹车形态（图❼）。如果你每一步都跟随上一步的移动保持雪板的平行，则会在几步之后开始斜向于雪坡并下滑，这对于刚踩上雪板不久的你将是灾难性的。第一次在雪坡上调转雪板方向，你会感觉到很难平稳地控制雪板移动，用手上的雪杖辅助支撑住自己的身体是个不错的选择（图❽），不断练习几次以后便可掌握此技术，不再手忙脚乱了。

侧向蹬坡技术

说完了调转方向，我们便可以通过蹬坡向一个较缓的初级道进发了。不要想着我一次性蹬顶，或者蹬很远很高。

先尝试一下穿着雪板从斜坡上滑下来什么感觉，再去挑战你那点自尊心比较好！特别是男士，再次提醒，别逞能！侧向蹬坡技术，又叫横蹬坡，人是要横向于雪坡与下滑的路线（又称滚落线，想象把你自己攒成一个球滚下去的那条直线）成90度角（下页图❶）。低头看一下脚下的两个雪板，山上一侧的雪板是外侧边缘切在雪面里，山下一侧的雪板则是内侧边缘（下页图❷）。

配合雪杖的支撑，将山上一侧的脚向山上横着跨一小步，注意不要贪大贪快，一小步即可，要使用雪板的外侧钢边卡住雪面，踩稳后移动山下一侧的脚跟随（这里的

跟随不同于原地转向，需要雪板完全平行地跟随，不能有犁式形。），山下脚使用的是雪板的内侧钢边卡住雪面。一步一个脚印，依次循环，你将踏上滑雪之路！如果你请一个正规的滑雪教练，上面学习的这些基础技术也是下滑前应该学习的。

友情提示，不要跟你会滑雪的朋友学习滑雪，除非他是正规的滑雪教练，不然第一次滑行经历一定是痛苦的，有可能自此打掉你滑雪的念头，切记！切记！滑雪是让人着迷的运动，每个人都应该尝试一下，有助于找到快乐的感觉。

滚落线方向　下滑方向

首次下滑

结合上面的蹬坡技术，蹬到适当的高度就可以用原地转向技术调转雪板方向，面向山下开始第一次下滑了。你可能会说，有缆车、魔毯不坐，我却蹬坡，我不是有病吗！为了安全，还是忍耐一下吧，不然你干吗要学习呢，你说是不是？第一次下滑我不想说得过多，这次就跟随你的本能就好了，尽量控制平衡直至自然停止即可。注意要选择一个不那么陡的雪坡，不要蹬太高，前方要有足够的平坦空间。一旦你完成了第一次下滑，便会想去挑战更高更陡的，乐此不疲，这就是滑雪的魅力，速度的魔力。

循序渐进地练习

自嗨完了我们还是要学习滑雪技术。在刚刚完成的下滑中可以有好几种非常不错的练习方法，建议初学的滑雪者练习，通过下面这些练习可以增加你对雪板的控制、对速度下身体平衡的控制。话不多说，我们直接站在出发姿势上，这之前要经历侧向蹬坡以及原地转向，以一个犁式刹车的姿态面向雪坡下，雪杖杖头朝前戳在雪地上辅助出发前的平衡（图 ❸）。

出发前用雪杖辅助撑住身体

第四章 永远的犁式，一切的基础 -069

第 1 个练习，直滑降。需要滑雪者保持滑雪的基本站姿，也就是双板平行的正直滑下雪坡。上面我们已经以犁式刹车姿势站在出发点了，接下来将脚以左右各踏一步的形式收拢至平行（图❶❷❸），此时雪杖需要用一点力量支撑身体不下滑（图❸手部动作），等待雪板收拢成平行后提起雪杖放开对身体的阻滞，顺势下滑。在下滑过程中尽量保持双板平行的滑雪基本站姿。直滑降是滑行的基础，对于滑雪基本站姿的保持非常重要，初期练习直滑降只要保持不摔便是成功，直滑降的平行板形（图❹）相对于犁式刹车的三角形板形（图❺）更不容易保持身体左右两侧的平衡，需要反复练习才可以做到稳定。直滑降的练习会贯穿多个滑雪阶段，每个阶段的要求不同，每位滑雪者都应重视并熟练掌握这个最基础的技术，更多的关于直滑降的练习我们放在基本站姿（P034）。

第 2 个练习，直滑降接犁式刹车。这个练习是对犁式刹车打开动作的练习，要在滑动过程中完成。上面我们已经练习了原地打开犁式刹车动作，相比原地打开犁式刹车，滑动中推开犁式会更容易，脚踝部分因为有斜坡的关系不会出现趴平状态。比较容易出现的常见错误是臀部向后过多，身体重心落向脚后跟后面（图❻）。从第一个练习出发，在直滑降基础上逐渐推开犁式刹车，注意逐渐推开，感受速度的减慢变化

用雪杖辅助撑住身体双板收至直滑降板形

直至停止。熟练后可以尝试加大力度，减速效果会更加迅速。不推荐突然发力推停，力量是相互的，你推雪面雪面也会推你，你突然地发力意味着雪面给你反馈同样大的瞬间力量，这会导致你突然失去平衡。

第3个练习，大小犁式。学到这可能你已经有点不耐烦了，我蹬了半天坡了，什么时候可以去坐魔毯上初级道了？非常理解滑雪人急切的心情，在完成这个练习后便可以了。还是从第一个练习出发，在直滑降过程中做打开犁式、收小犁式的类似点刹的连续动作（图❶❷❸❹）。需要感受雪板打开大犁式板形与收小犁式板形脚下的阻力变化。打开犁式刹车后，你会感觉身体重心下降了，这是正确的，因为双腿的横向劈叉（当然还有向内旋转）人变矮了。

特别要注意的是，重心的下降不是因为过多地弯曲膝盖并向内扣来完成的（图❺），这一点非常非常重要，因为那样做会损伤你的膝关节。你会说，那我如何向雪板边刃施加压力呢？很好的问题，髋关节向后退（下页图❷）。那不是臀部向后了？在犁式刹车原地练习里你不是说髋关节不能向后退么？这一连串的问题会浮现在你脑袋里，甚至已经滑雪很多年的滑雪人也会认为臀部不能向后，这是对于滑雪基本站姿理解不够全面造成的！髋关节是向后了，同时肩膀会向前，那么一个向后另一个向前补偿，等于我们的身体重心还是居中的。

记住髋关节（臀部）向后退，肩膀要向前（下页图❷）！在犁式刹车这个雪板形态时，髋关节向后退会增大脚下雪板的立刃（下页图❷），更高的立刃会加大减速效果，那是因为立刃会把人体自身重量更多地集中到雪板边刃上，增大了压强，这样雪板刃会更深地刻入雪中产生更大的阻力。话不多说，尝试一下，用自己的身体去感受，在下滑过程中全程保持犁式板形，以犁式直线下滑我们称之为犁式滑降，尝试将犁式板形横向推

下滑方向

第四章 永远的犁式，一切的基础 - 071

髋关节向后肩膀向前增大立刃，减缓速度

大并将髋部向后退，肩向前，低头看一下自己的雪板是否发生了角度变化，感受一下速度是否减缓甚至停止了。再次出发，感受将髋向前提（图❷❸），脚下雪板刃相对放平一些，身体开始逐渐加速继续下滑。需要注意，髋向前提一定要带着肩膀一起向前，而不是髋向前挺、肩向后仰（图❹），这也是绝大多数初学者容易出现的问题。

好了，至此上面的三个练习完成后，特别是第三个，我们便可以站上魔毯，上到初级道的顶端，开始体验速度带来的原始快乐了！当然你已经学会如何刹车，一定要控制速度，我可不是鼓励你去直冲下去！

雪地行走

雪面过于光滑，无法通过向后蹬动雪板，推动身体向前行进

在去魔毯入口的路上通常你会遇到一个简单的技术问题，平地如何行走？这可能是最"白痴"问题，我难道走路也不会吗？可以在雪地上尝试一下，穿着雪板后，脚下与雪面的摩擦力非常小，也就是很滑，你是无法通过向后蹬脚来向前推动身体的（图❺），你越用力就越在原地滑动。还是来学习一下，花不了几分钟时间，耐

心恰恰是滑雪这项速度类运动应当具备的!

这里我们要学习两项技能,平地行走与双杖推进。具备这两项技能你便能够比较从容地踏上魔毯了。

平地行走

与我们正常走路的区别是少了一个向后蹬,脚下长长的雪板也无法完成蹬踏动作,那要怎么向前行走呢?其实很简单,只需要一只脚向前蹭(图❶),不要抬起来向前踢(图❷❸),雪板贴着雪面向前蹭脚,有点在水里向前蹚水的感觉。身体要跟随向前滑动的脚和雪板同步移动,要注意的是小步伐向前滑动,大步会劈叉,不信你可以试一下。配合雪杖可以辅助平衡,这个动作主要用脚向前滑动就可以,手脚并用对于初学的你反而会手忙脚乱,雪杖在练习这个滑步动作时就是辅助平衡即可。

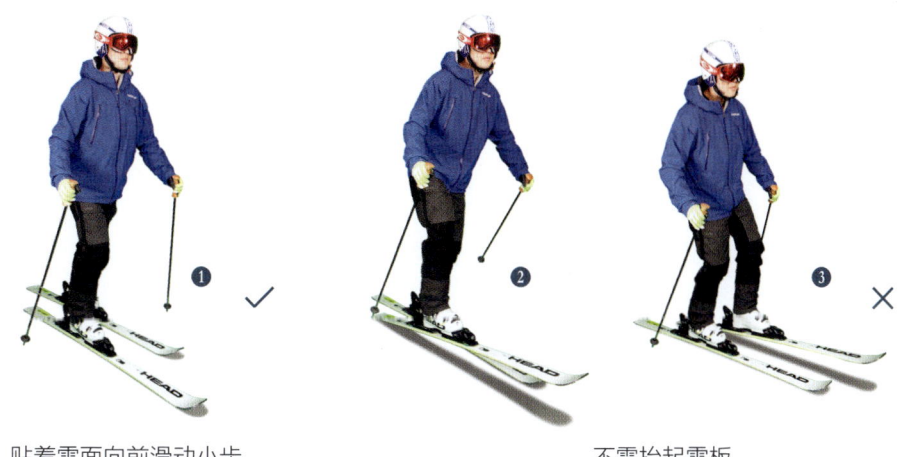

贴着雪面向前滑动小步　　　　　　　　不需抬起雪板

双杖推进

这个动作比较简单,但是对于臂力比较弱的滑雪者来说,特别是女性滑雪者,这个动作坚持不了多会就累了。动作要领很简单,将两个杖头向后插在雪板两侧后固定器附近的位置,双臂用力向后推,身体顺势向前倾(下页图❶❷❸)。虽然很简单但依然有些窍门,手和脚要配合才会省力,如果单纯靠手臂会很累。双杖撑之前微屈膝,准备用双脚与雪板踏雪面配合发力(下页图❷),手臂发力时双腿双脚同时向雪面发力,身体前倾,由于有雪杖尖嵌入雪面的支撑再加上脚下的助力,共同推动身体向前滑动。

①　　　　　　　②　　　　　　　③

通常滑雪者会采取保守费力的方式向前滑动，纯靠臂力。在使用雪杖推动时，拼命地下蹲（图 ❹），这样做既不美观，又增大了雪板与雪面的摩擦，给自己创造了一个额外的阻力，对抗你本身瘦弱的胳膊发出来的力量。跟随本能滑雪，一定会进坑，切记！

书到用时方恨少，事非经过不知难。也许你尝试过一两次滑雪运动，当你排队站在魔毯闸机入口的时候，便会想起我曾经提到过的两个技术点，综合运用便会解决一个非常尴尬的问题"连门儿都进不去！"

魔毯闸机入口往往由于人流量大的缘故，经常会出现一个小小的上坡，而且周边挤满了急迫想要滑雪的人，这时你脚下的雪板会不听使唤地原地滑动，怎么也上不去那个"幼儿园般"的小缓坡。回想一下上面我们学过的两个技术，双杖推进与平地行走，首先用雪杖撑在身体两侧于后固定器附近，一只雪板向前贴着雪面滑动一小步，另一只脚跟上，随即撑动雪杖向前推，就这样一小步一小步地推进即可。注意确保你的雪杖插入雪面，如果入口因人多有冰，可以减小雪杖的斜撑角度（图 ❺），防止其打滑戳到后面的滑雪者（图 ❻）！

犁式转弯

经过上面的练习,基本上你可以在初级道控制直线下滑的速度了,接下来我们要开始学习如何控制雪板方向,运用转弯来进一步控制下滑速度。

现代滑雪板

在学习转弯之前必须简要地讲一下现代滑雪板的设计,现代大头雪板的设计(图❶),或者说有侧切曲线的雪板设计(图❶)可以给转弯带来极大的便利,只要立刃且施加压力就可以开启一个转弯(图❷)。现代雪板的形状:板头大、板腰细、板尾大,将这三点连成一条曲线便产生我们滑雪时的转弯半径,而且雪板腰部还被设计成向上的拱桥形(图❸),这样的设计在雪板微微立起来时依旧可以被体重轻松压成曲线(图❷),而且还增强了雪板的结构强度及弹力。过多的滑雪板发展历史我们不在本书提及,你只需要知道:只要雪板立刃,然后把体重压上去,就会带来转弯。滑雪转弯需要几步?立刃、把体重放上去、板走我跟着一起走!现代雪板的设计让滑雪转弯简单到了如此的地步!我经常说滑雪就像走路,不是跟左脚就是跟右脚,区别就是要把脚下的雪板立刃,然后身体跟着一起走,不能让雪板把你落下!

立刃

如何将我们的雪板立起刃呢?说也简单,就是创造一条腿的角度。回想一下我们打开犁式刹车动作(下页图❶),又何尝不是自带立刃效果呢?

初学者为什么要从犁式转弯学起,这回心里有点数了吧,那是因为犁式板形自带转弯光环,立刃。

低头看一下你的犁式刹车板形,左右脚都处于雪板立起来的状态。我们说了转弯的三要素:立刃、压体重、跟板走。犁式刹车板形立刃有了,体重是匀称地分担在了两个雪板上,因此雪板形变成曲线后向左的驱转力和向右的驱转力相抵,我们就会直线下滑(图❶)。

那如果我把体重分配至其中一只雪板上更多,是不是就可以转弯啦?恭喜你!都学会抢答了!说到这里我们正式开启犁式转弯的学习。

犁式转弯

我会把犁式转弯会分为压转、旋转、综合犁式转弯、半犁式转弯等几个部分。

压转式犁式转弯

通常会先学压转,也就是上面说的利用现代雪板设计的特性,将身体重心向一侧雪板边刃偏移(下页图❶❷❸❹),使得雪板呈曲线从而带着我们开启转弯。

✳ 本能反应转出来的弯

动用大腿肌肉采用蹬脚的方式也是可以带来转向的,这是身体本能反应"弄"出来的转弯,靠的是大腿发力、脚下蹬动雪面,然后雪面的反作用力将我们推向一侧的方式。滑雪跟随本能往往都是错的!不要蹬脚转弯,说三遍,这种方式会让脚下打滑,身体由于反作用力会去雪板打滑的反方向(下页图❺❻❼❽❾),最后会导致失去重心摔倒。

✳ 本能反应移动身体重心

如何将身体重心正确地向一侧的雪板偏移呢?这里容易出现一个常见问题,而且几乎所有人都一样。以一个原地犁式刹车姿态站在雪面上,当我说:"将你的身体重心移向右侧腿!"图中的右侧腿,自身的左腿你所摆出来的动作应该是下面图片的样子(下页图❿),你的身体连同整个胯部都横向移动到了右侧,这样的动作确实向右移动了身体重心,低头看一下脚下,右侧腿的雪板是不是因为你这样的身体移动而趴成平板了呢(下页图⓫)?或是降低了原本犁式刹车姿态的立刃程度。之前我们也说了没有立刃没有转弯,你本想通过体重将一侧的雪板压弯引发转弯,然而却因为错误的移动重心方式

※ 正确的身体重心移动

我们换一种方式来移动身体重心,还是上面的指令:"将身体重心向右腿移动。"在滑雪运动中,移动身体重心指的是以一侧髋关节为折点,把身体向这一侧轻微"趴"过去(上页图⓬)。对比两种不同的移动身体重心方式,我们需要做正确的第二种方式。侧前向折叠髋关节,改变了身体重量在脚上的分布(上页图⓬),更重要的是脚下的雪板立刃没有因为这个动作而减低(上页图⓭),立刃+身体重量施加=雪板弯曲引领转弯。

※ 板动我跟随

讲完身体重心的正确移动,开启单侧的压转犁式转弯就剩下"板走我身体跟着走"这步了,当然如何衔接两个转弯我们会在后面讲。这时候你可能会说,还没学呢,怎么就剩下最后一步了?其实完成了上面的身体重心移动,将体重放置于犁式板形的一只雪板之上,转弯就已经开始了。(图❶❷❸❹)以犁式出发直线下滑,脚下保持立刃状态,这个立刃是由于双腿的横向打开并内旋产生的,脚踝需要发力挺住,膝盖不能内扣夹膝。以一侧的髋关节为折点,将体重放置在左腿或者右腿上,放住,别拿走,直到转弯完成。此时你会发现,当我把体重放左脚时,向右侧转弯;放右脚时,向左转弯。是反的!这是人的第一身体反馈,这样的感受会在你转弯时让大脑懵圈,向身体下达指令时产生迟滞,我要表述的是别想它是反的!只要你先开启一个转弯,后面就是左右交替的事了,要形成一种肌肉的记忆,就像走路,你在迈步之前是不会去想我先迈哪只脚的。多尝试一下,你会觉得转弯并不难!

压转式犁式转弯常见问题

会转弯和转好弯还是有一定差距的!上面我们说了如何以犁式直滑开启一个压转式犁式转弯,在你认为还不错的转弯过程中会出现以下几个常见问题:

(1)身体带转(下页图❶)。由于恐惧速度的原因,滑

雪者往往用身体先调转方向的方式代替本应由腿部完成的转弯动作，转弯首先是由扭转头部、带动肩膀、肩带动腰髋、最后才是腿脚与雪板（图 ❷❸❹❺）。这样的动作虽然能够转弯，但严重影响后面的滑行与提高。

（2）转弯过程中身体随转。

滑雪时人体是很神奇的，它可以感受到脚下雪板的转向，甚至预先判断，然后便随着转弯方向做身体的旋转（图 ❻❼❽），这个旋转来自于脊柱，特别是腰椎。

在开启一个犁式转弯后，我们的身体重心由于髋关节的折叠偏向于一侧的腿，这一侧的整个身体会由于转弯相对于另一侧身体，处于山下位置（图 ❾）。此时会出现身体的随转问题，身体感受的脚下雪板的转向后，会主动向转向方向转动身体以配合

转弯,然而就是这个"自然"的动作,把你的身体重量从山下一侧的腿上移走了(上页图❻❼❽)。压转犁式转弯三要素:立刃、压体重、跟板走,或者说保持体重持续在山下板上,跟板走。如果雪板上的体重移走了,那么就需要一个额外的力量去保持雪板上的压力,此时我们会动用大腿肌肉去做蹬踹的动作,上面我们也强调过,不要用蹬踹的方式去转弯,那样做会引发身体的运动方向与雪板相背离(上页图❽),最终无法保持平衡。

(3)转弯开启后无法做到身体跟上雪板(图❶❷)。这原则上不是一个主动错误,主要问题还是对速度的不适应。我们将脚和身体分别看作汽车与乘客,转弯开启后,脚下的雪板会因为身体重量而变弯曲领着身体一起向转弯方向移动。这时需要保持身体的姿态与雪板共同行进。要做到身体跟上脚这点并不容易,首先是意识上需要动态看待整个转弯过程,身体不能只停留在重心移动至一只雪板开启转弯那一刻,要清晰地知道只要移动了身体重心,雪板会立刻马上开启转弯,要有意识地跟随雪板共同行进,且保持身体重心在转向雪板的上方。另外还需要保持屈髋的滑行姿态(图❸),一个展开的髋关节会使身体直立(图❹),然而脚下的雪板是向前运动的,如果髋关节不处于折叠状态则非常容易出现身体后仰,脚下雪板移动速度快于身体。

(4)脚踝挺不住劲儿。准确地说是整个足部都需要用力,因为压力式犁式转弯需要将几乎整个身体的重量放置于一侧的雪板刃上(图❺❻),此时足部内侧承担了极大的力量,如果

整个身体重量压至山下脚里侧对脚踝有比较高的力量要求

足部没有任何发力，会导致雪板边刃不能切入雪面以曲线转弯，雪板会侧向打滑难以控制方向。

压转式犁式转弯练习

（1）单侧手扶腿练习。不拿雪杖，犁式直滑降出发（图❶），将一侧的手掌横过来扶在大腿的侧前面（图❷❸❹），身体重心偏向于手扶这一侧，注意一定是髋关节的折叠（图❸ 髋关节位置），切忌用腰（下图❺）。还需要注意的是，手掌心要贴实大腿（图❸ 手的位置），另外一只手臂保持原有姿态，处于视线范围内。这个练习是通过手臂姿态辅助身体重心的移动与保持。

（2）双手扶腿辅助加压练习。以上面练习为基础，将山上一侧的手盖在另外一只扶大腿的手上面（图❻❼），双手发力按向大腿给予额外的力量，通过大腿向雪板刃传导并施加更多的压力。雪板会因压力增大而加速转向。增大对雪板刃的压力后，脚踝会感受到来自雪面的反作用力，需要足部发力去对抗反作用力，以保持立刃状态。

（3）单侧拖杖练习。双手持杖犁式直滑降出发，一侧的手带动雪杖，将雪杖头拖在雪面上（下页图❶❷）。身体姿态为：以拖杖这一侧的髋关节为折点，折叠髋关节，使身体重心向拖杖这一侧偏移，实际上并不是手臂向下导致雪杖头触地，而是因为髋关节向一侧折叠所致。注意，这个动作的目的是髋关节的折叠，使用雪杖是方法，不要为了雪杖头拖地而拖地（下图页❸）。

正确髋关节折叠身体重心偏移向山下脚

手辅助向大腿施压，增大雪板压力，加速转弯

腰代偿髋关节折叠

因髋关节正确折叠
雪杖头拖地

为了雪杖头拖地伸直
手臂臂膀向后躲闪

※ 如何衔接左右两个转弯

上面的内容都在讲如何开启一个单侧的压力式犁式转弯,接下来我们将两个转弯衔接起来完成连续转弯下滑。

要完成一个连续转弯就需要将压在已经转弯一侧的山下板上的身体重量拿走,并放置于另一侧的雪板上。要注意的是,双脚下的犁式板形要在整个过程中始终保持,也就是保持立刃状态,通过移动身体重心来完成左右两侧压力的转换。再重复一次,身体重心是以一侧的髋关节为折点,将身体向侧前折叠并保持(下页图❶)。需要换另外一侧转弯时,首先要将身体重心回到两腿中间的位置(下页图❶-❺)。

身体重心回正脚下的发力方式

第1种方式,也是比较容易的一种。一侧的转弯末期,身体处于髋关节折叠状态,重心偏向于山下一侧的腿,通过核心肌肉群(腰那一圈)的调整,将身体回归至两腿中间(下页图❷❸)。此时承受身体重量的这条腿有发力向雪面的感觉,但要注意绝不是蹬脚向雪面(下页图❾❿⓫⓬),腿起到的是支撑作用!由于重量的转移,原有山下雪板上的压力开始减压,转弯也逐渐不再保持;身体重量重新回归至两腿中间,雪板滑行轨迹表现为:开始斜向穿越雪道并逐渐面向山下(下页图❺)。要给予上述过程一定的耐心,雪板开始逐渐改变方向至面向山下时,移动身体向另外一侧折叠髋关节,将身体重心及体重转移至新的转向腿(下页图❻),并开启转弯,这一侧的腿和身体也逐渐随着转弯的开启落向山下这一侧(下页图❼❽)。这也是山下腿、山下板、山下一侧等称谓的由来。

弯与弯之间的转换，身体需回到中心位置，再向另一侧移动身体重心

× 脚下发力并非蹬踹，会引发雪板打滑，身体不稳定

用以下流程来简单形容整个过程：

身体回正中→雪板回归直滑→折叠髋关节完成重心转移→板走我跟着走。

这种发力方式常见问题：

过分的弯曲膝盖，导致身体重心向后（下页图❶）。

前屈髋不够，不能保持肩膀向前，当雪板移动时无法保持身体姿态，出现向后仰（下页图❷）。

脚踝不使劲，无法保持雪板刃的立刃状态，松掉脚踝力量直接导致雪板打滑，无法减速（下页图❸）。

在弯与弯的衔接处没有足够的耐心，身体左右切换重心太快，用腰椎侧弯和歪头的方式代偿左右腿髋关节的折叠切换（下页图❹）。

第2种方式，上面说了弯与弯之间身体重心的转换有两种发力方式，第一种方式熟练后便可以开始尝试第二种脚下发力，将身体推向山下方向（滚落线方向），完成更加主动的连续转弯。第二种脚下发力：一侧的转弯末期，身体处于髋关节折叠状态，重心偏向于山下一侧的腿，非承重腿（山上一侧的腿）向雪面发力，斜向推着身体向山下一侧移动（图 ⑦），这个力量改变了原有的身体转弯轨迹（图 ⑤⑥），也就是说身体不再跟随原有的山下板转弯，此时身体开始向山下一侧移动，重心跨越山下雪板的里侧刃向外侧边缘移动，那么原有的山下板因为身体的移动，雪板内侧刃的角度开始减小趋于平板，立刃角度的减低使得原有的转弯逐渐不再保持轨迹。

084 - 滑雪关键课

关键时间节点，身体感受到改变转弯方向后，应立刻调整回到两腿中间位置

旧山下板因身体跨越雪板立刃减小趋于平板原有转弯不再持续

身体在被新的山下脚推向山下这个短暂的过程中，开始阶段体重还是偏向于旧山下脚的（上页图❾），由于身体被推着向山下，重心逐渐跨越了旧山下雪板，旧山下板的雪板刃则由立刃状态逐渐趋于平板（图❶），没有立刃了，原有的转弯也就不再持续了。发出推动身体力量的那只脚是原有山上一侧的脚，因犁式板形的缘故，发力就直接发在了刃上，新的转弯因雪板立刃受力而产生。

回看上面的动作，因为身体被推动向山下，旧山下雪板刃逐渐趋于平板，此时身体开始向另一侧的腿调整重心，旧山下脚减压；新山下脚先是主动发大腿肌肉的力量向雪板刃，推动身体脱离原有转弯轨道，身体牵动新山下腿共同向山下方向移动，移动过程中身体逐渐转换重心至新的山下腿一侧。雪板原有的立刃状态再加上移动过来的体重的施压，雪板形变，新的转弯开启了（图❷-❾）。

注意这里有一个非常重要的时机节点，想详细了解身体重心的转换详见独立篇章（P129）。这个非常重要的动作就是：

第四章 永远的犁式，一切的基础 - 085

身体在感受到被推离原有转弯轨道的力量后,要立即调整身体姿态回到两腿中心位置(上页图❹),然后不能停顿继续以另一侧髋关节为折点移动身体重心至新的山下腿(上页图❺)。第二种发力方向不像第一种,能够给滑雪者足够的时间把身体回到两腿之间,转弯的中间衔接过程拉的比较长,第二种发力方式需要滑雪者更加主动地发力将身体推向下一个转弯,这时转换区给身体的调整时间很短,身体没有一个较长的调整时间回到两腿中心位置的机会,且身体的移动是线性的,中间没有明显的间断。

✻ 用流程表达:

　　山上脚踏雪推身体去山下→旧山下板刃立刃减低趋向平板→身体回正中并继续向另外一侧偏移重心→身体折髋保持重心在新山下腿→板走我跟走。

举例理解

　　上面的连续转弯用一个比较形象的航天器例子说明,当我们的天宫航天器围绕着地球做圆周运动,围绕地球转动的力是地球引力(图❶);这点跟我们滑雪转弯有点不同,滑雪时连续推着我们人体转弯准确地说是雪面。简单的理解就是山下一侧的腿发力,当然发力还包括身体重量施压,山下一侧的雪板形变成曲线带着我们转弯。

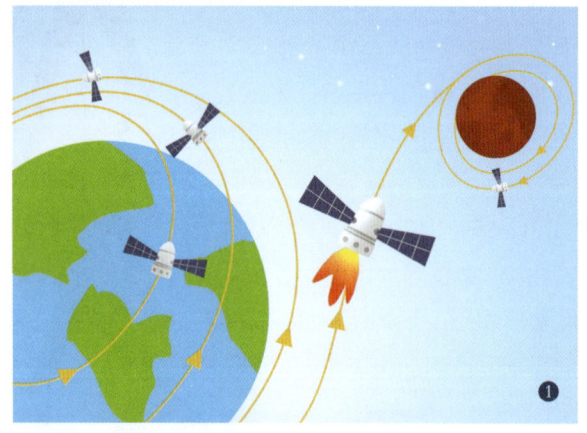

　　航天器有一天想去火星看看,那就要脱离原有的地球旋转轨道,该怎么做呢?对了,点燃助推燃料,将其推离;滑雪时呢,那就是用山上一侧没有身体重量压制的腿发力向雪面,将身体推离原有转弯轨道。继续刚才的例子,天宫飞行器通过助推脱离地球轨道后要迅速调整体态,奔向火星;滑雪转弯也是一样,山上腿发力将身体推离原有转弯轨迹后,身体要立刻向新山下腿做调整,移动身体重心,通过新山下腿这一侧的髋关节折叠把身体重量压倒这一侧的雪板刃上,并持续保持至这一侧的转弯结束。

压转式犁式转弯中的引身

这里要提到一个滑雪名词"引身",有些时候也被称之为"引伸",至于到底是哪个会在后面的滑雪流言一章里有讲述。在此章我们用身体的"身"。那是因为压转式犁式转弯更多的是保持脚下犁式板形不变,控制身体重心的移动,将体重在左右腿切换使雪板形变产生转弯。回看上面的两种身体重心回到两腿中间的过程,都会有腿向雪面发力将身体推起推回到正中的动作(图 ❶❷❸),我们把这个动作称之为"引身"。顾名思义,身体有一定的向上移动。

那么引身的目的是什么呢?主要是为了将身体重心从一侧的转弯腿转移,也就是把雪板边刃上的压力减小,回到两板中间再逐渐转移至另外一只雪板上。

✷ 引身的常见问题

身体在转换过程中容易出现一个常见问题,那就是不能保持髋关节的折叠(图 ❹❺),认为引身就需要将整个身体展开,甚至胯部向前挺(图 ❺)!这样做会造成肩膀落后,身体后仰。

身体跟随雪板向前向上引身,释放原有山下板压力,重心回归两腿中间

引身时前挺髋部,会使肩膀落后,整个人后仰

引身时不能保持髋关节折叠，这个坏习惯会在滑雪的中高阶严重影响你在高速转弯时的身体稳定性。设想一下，将来我们成为滑雪高手进行高速转弯，但在转换下一个弯时总会有向前挺腹的坏习惯，这是因为在犁式转弯时没有养成正确的引身动作。当我们在高速移动下引起身来，脚下的滑动速度与又高又直，甚至有些挺小腹、后仰肩膀的身体移动速度是不匹配的。身体由于面积较大更容易受到风阻的影响，相对于脚下，身体会在你站起来那一刻就落后了，再加上错误的引身方式，更加无法完成身体与脚下雪板的同步移动，因此会感觉脚下的雪板像脱缰的野马一样失控，甚至受伤。可见在学习的初期养成一个不好的习惯，将来会严重影响水平的进阶。

* 尝试单脚滑行

单脚穿越线滑行练习尝试，当滑雪者能够比较熟练地完成压转式犁式转弯后，抬单脚练习就可以提上日程了。我平行式还不会呢？我就可以一只脚滑了？是的，一个合格的压转式犁式转弯，在转弯后保持转弯阶段，身体重量几乎都在山下脚这一侧，此时便可以尝试轻轻抬起山上一侧的脚与雪板（图❶）。

抬脚时身体平衡会在练习的初期不稳定，会晃动，手中的雪杖会摇摆，山下一侧承重的脚也会难以保持脚踝的稳定而出现雪板打滑，这些都是正常现象，对于新的技术动作，没有人可以上来就会的！都是通过不断尝试、不断练习才可以做到收放自如！

在做到连续抬脚动作之前，可以尝试短暂的抬脚、落下、再抬、再落（下页图❶❷），利用雪道的宽度，在横穿雪道时多次完成抬起、落下的练习。要注意横向穿越雪道时，观察雪坡上面是否有其他滑雪者，避免冲撞带来不必要的伤害。

抬起山上一侧的脚时，不用抬起太高，轻抬离雪面即可。刚开始练习抬脚时，滑雪者通常会抬起雪板头（下页图❸），那是因为身体无法较好地保持平衡，后仰了！尝试抬起板尾，这是需要一段时间的练习才可以做到稳定不晃的（下页图❹）。随着抬起脚悬空的时间越来越长，直到可以完全用单脚斜向穿越整个雪道，那么恭喜你，这是一个非常大的进步。不夸张地说，很多滑了3年甚至5年的自学滑雪者，都无法做到滑行中抬起单脚，用一只脚滑行。抬单脚练习是一个非常经典的、滑雪指导员都会用到的练习方法。其目的是让滑雪者把身体重量完全交至山下雪板的里侧边刃上，保持平衡穿越雪道。如果专门练习这个抬脚动作，我们可以不在连续转弯中练习，用犁式斜滑降，斜向穿越雪道，专注于抬脚的动作。待单脚穿越线滑行比较稳定后，再用犁式转弯衔接改变方向，做连续转弯后抬单脚动作。注意！现在这个阶段的滑雪者需要先完成犁式转弯，改变雪板方向，在稳定斜向穿越雪道时再抬起山上一侧的雪板，最好是抬起板尾，高于板头（图❹）。当然，如果你在此阶段不能做到抬单脚这个动作也不要灰心，我们可以跳过此练习进入到后面旋转式犁式转弯的学习，随着你在雪上滑行的时间逐渐加长，自己身体在滑行移动中的控制也会逐渐加强，届时再去尝试这个动作就会相对容易些。单脚滑行练习会贯穿整个滑雪学习过程，是一个需要长期训练的动作，它有很多种变体，练习的目的也是不同的。

压转式犁式转弯小结

　　压转式犁式转弯，非常好地利用雪板曲线设计，通过髋关节将身体重心在左右腿之间做微小的切换，将体重压至一侧雪板的边刃并跟随雪板的转弯半径完成雪板设定线路的转向。为什么说是设定线路呢？主要是因为这种转弯更多的是依靠雪板自身的转弯半径来完成的，压体重的目的是让雪板产生弯曲，当然高级滑雪者可以通过改变立刃角度来创造更小转弯半径的弯。

　　那么，如果有个障碍物，比如说其他滑雪者在转弯线路上那该怎么躲避呢？非常好的问题，可以提前或者错后转弯躲过去就行了！如何做到呢？接下来我们要学习的犁式转弯技术就是如何通过旋转我们的下肢关节（主要是髋关节），来完成主动地对转弯方向的控制，我称其为旋转式犁式转弯。

旋转式犁式转弯

> 旋转与身体位置

旋转式犁式转弯要动用我们的髋关节做大腿的旋转，俗称转腿。具体"髋关节在哪里"详见 P002。我们可以用简单的几个日常动作找到腿根处旋转的感觉。

以一个滑雪基本站姿站在家中的地板上，将一侧的腿提起，转动大腿（图 ❶❷），记住要绷住脚踝，感受大腿根处的旋转。这感觉就像手捏住一根棍子的端头做拧动棍子的动作一样（图 ❸❹）。这里我强调了一下脚踝要绷住，如果你穿上雪板去尝试这个动作，长长的雪板就像扭力扳手在撬动你的脚踝（图 ❺❻），如果你不绷紧它，雪板就会变得晃晃悠悠！

以一个犁式站姿站在地板上，这里说的是中等宽度的犁式站姿，不要太宽（图❶）。保持身体位于两腿中间位置，向内侧旋转一侧的腿，脚下的感觉是以脚后跟为轴向内侧旋转脚（图❶❷❸），这是你最直接的体会。在实际滑雪时，我们可以通过身体位置的变化改变脚下的旋转轴的位置点，让其移到足弓、前脚掌、后脚跟。

以后脚跟为轴心点

用一个道具让我们在家也可以尝试不同身体位置变化时脚下旋转轴点的不同。找一支笔放在地上，以一个犁式站姿，一只脚踩住这支笔，先用后脚跟的中部（小腿胫骨截面中心点）踩住，向内侧旋转大腿和脚，看一下你自己在以后脚跟为轴点旋转腿时候身体的位置（各个关节微屈，特别的髋关节，肩膀并没有太多向前，图❹❺），记住这个感觉。

以足弓为轴心点

好，现在我们把脚用足弓踩住地上的笔，再次向内侧旋转大腿和脚，需要感受前脚掌和脚跟都有一定的接触地面，旋转轴点在足弓（图❻❼）。你可能身体并没有感觉到姿态有什么不同，分别试一下上面两种旋转的方式，你就会发现身体位置有了微微的变化。在以足弓为轴点旋转腿时，要想让前脚掌（大脚趾下面那个球）也接触地面，

中等宽度犁式站姿，身体居中，旋转一侧的大腿改变雪板方向

第四章 永远的犁式，一切的基础 - *091*

就需要适当弯曲髋关节（整个胯部微向后，肩膀向前），身体重心微前移。不要小看这个微弱的调整，在速度下，一点点的重心位置变化反应到雪板以及我们脆弱的心理时，都非常重要。要注意的是，不要用整个人向前倾倒来完成重心前移，不是那种踮着脚尖的感觉！髋关节需要弯曲折叠，胯向后、肩膀向前。

以前脚掌为轴心点

接下来第三种旋转，把脚用前脚掌（大脚趾下面有个圆球）踩住笔，这时的旋转感觉与之前两种又不一样了，大腿依然是向内侧旋转，而脚下的感觉却是向外侧旋转后脚跟（图❶❷）。再次感受身体位置与前面两种旋转的区别，身体更加向前倾了。身体重心会向前来到前脚掌的那个点上，如果再向前一点就要向前栽倒，此时你的后下背，就是那两条里脊会有拉紧的感觉，扯住身体不让其再向前倾倒。

对比上面三种旋转

对于初中级滑雪者完美状态是第二种，把旋转轴放在足弓附近，让前脚掌与后脚跟两个点共同着地，反馈到滑雪板上就是运用了整条雪板的里侧边刃（图❸），这样做可以更好地利用雪板曲线设计，更能够增大雪板与雪面的摩擦，有助于控制速度及转向。

如果你去学习滑雪，教练会让你重心向前，向前！那是因为在斜坡上，有速度时，你会本能地处于向后躲闪的身体姿态（图❹❺），脚下的感觉是上面的第一种脚跟着地，

甚至更加靠后到雪板的尾部。比较理想的身体姿态是居中的，过于向前也会不稳定（当然过于向前往往是在高阶才需要注意的事情）。打好基础是为了在正确的路上一步一个脚印走得更远。

开启旋转式犁式转弯

好了，经过对旋转的基本了解，接下来我们要开始旋转式犁式转弯的尝试。在缓坡以一个犁式直滑降出发，脚下通过犁式刹车控制好下滑的速度。

可以看到，我们在学习一项新技术的时候，总是会用犁式来练习单侧腿的控制，然后再连接双腿的交换控制，当你要得到结果 2 的时候，要学会先拆分成 1+1，这样由单个技能的逐渐累加从而完成更为困难的动作。

✳ 旋转式的犁式转弯有两种不同的旋转大腿方式

第一种，我们先来说比较简单的一种，在犁式直线控速下滑时，将一侧的大腿向内侧旋转（图 ❶-❻）。注意这里不仅要旋转大腿，还需要向内侧旋转脚踝（图 ❼）。

通过旋转腿改变脚与雪板的方向

注意脚踝也要同步旋转使脚与膝盖朝向一致

为什么要有旋转脚踝的动作，在平地站一个犁式刹车姿势，向内侧旋转大腿根部，你会发现膝盖被带动向内侧旋转并改变了指向，但是脚和雪板并没有（图❶❷），这就出现了一个常见且致命的错误——扣膝。久而久之膝盖会产生运动损伤。脚踝向内侧旋转是为了配合因大腿内旋而改变的膝盖指向，需要脚和雪板的指向与膝盖的内旋指向方向一致，才不会出现一种比较"扭曲"的膝盖形态。

完成了内旋大腿根部以及脚踝的微内旋后，你会发现滑行方向改变了，这就是一个比较基础的通过大腿内旋来实现的犁式转弯，低头看一下脚下的雪板，雪板头靠得更近了（上页图❸），甚至会交叉（内旋用力过猛，图❸）。犁式板形本来就是板头间距小，板尾打开，呈三角形。这种旋转腿与脚踝的方式需要轻柔一些，轻微的旋转腿就可以达到开启转弯的目的，应避免用力过猛导致的板头交叉。

❶　❷ 脚踝没有同步旋转造成扣膝　❸ 旋转用力过猛板头交叉

辅助练习1：双手辅助大腿旋转

如果怎么也找不到大腿旋转的感觉，可以尝试用手辅助大腿做旋转。犁式直线下滑出发，将一侧的手放置于同侧大腿的后面（下页图❶❷），另一侧的手放置于大腿的正面（下页图❸）。注意手是横着放的，手指要包裹到大腿的侧面，这样可以有助于发力帮助大腿做旋转。

在犁式状态下，双手同步发力向内侧转动大腿，感受大腿根部髋关节的内旋（下页图❹❺）。为了板头不交叉，我们可以将犁式板形适当调整，调整板头间距不靠得很近，或是将双腿横向打开的角度大一些。通过双手同步扳动大腿，辅助其向内侧旋转，找到大腿根部旋转的感觉，交替做这个动作时不要心急，转弯与转弯之间回到犁式直滑后再开始另一侧的动作，一个非常平缓的初级道是这个练习的最佳场地。手辅助练习后，尝试不用手的辅助发力，控制大腿独立完成向内侧旋转的转腿，开启一个转弯。整个的过程需要保持身体的稳定，不要先于腿部旋转肩膀（图 ❻）。

手辅助大腿旋转

身体先于腿旋转

辅助练习 2：脚踝的旋转

　　脚踝的旋转是日常生活中很少用到的，不灵活很正常，但是为了滑雪时我们膝盖的健康，非常有必要去练习一下脚踝的使用与发力。脚踝的各个方向发力其实全都属于微动，幅度非常小。别看其幅度小但是反应到雪板却比髋关节要快速。

　　举个简单的例子，在纸上画出一个角度线，靠近尖角的地方非常小，沿着角度放大到远端就会变得巨大（图 ❼）。关联到滑雪时的人体，脚踝的动作就好比靠近尖角的地方，其微小的动作就可以撬动雪板的立刃，髋关节的移动就像刚才角度线的远端，需要移动的更多才能达到脚踝一点点动作的雪板立刃角度。

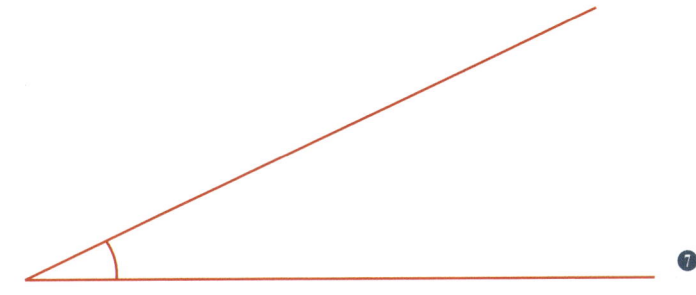

原地模拟

对于旋转式犁式转弯，需要用到脚踝的内旋。我们先原地模拟一下脚踝在滑雪时的内旋，基本犁式站姿站在地板上，单侧脚做一个向内侧"扫"的动作（图 ❶❷❸），想象你脚的内侧有些杂物，脚就是扫把，用脚向内侧旋转将地板扫干净。内旋脚踝的时候其实转动更多的还是上面的髋关节，脚踝部只是微旋转，但是发力的顺序是由脚下发起的，用脚的内旋带动上面的髋关节做旋转。

这里有个细节需要特别注意，那就是髋关节折叠（屈髋），非常重要！当你在做上面的脚踝发力内旋脚的动作时，你会感受到随着脚向内侧的"扫地"旋转，脚的外侧边逐渐贴在了地上，但滑雪转弯我们是需要用雪板的内侧刃的。之所以有这种感觉主要是因为你的髋关节的折叠不够，腿与脚的位置没有产生一个角度造成的。还是上面脚向内侧旋转的动作，如果我们将髋关节做了正确的折叠，臀部向后退，肩膀向前！那么我们的腿与脚就会出现角度，因为整个胯部向后移动，这时向内侧旋转脚踝，脚就是内侧边着地了（图 ❹❺）！

原地内旋腿

髋部向后保持脚内侧着地

脚踝旋转发力

回到滑雪的场景，穿上雪板来尝试上面的内旋脚踝的发力，保持正确的髋关节折叠，臀部向后肩膀向前，注意力集中在脚部动作，发起内旋的力量先来自于脚下（下页图 ❶）。应选择一个很平缓的坡道去尝试这个脚部向内旋，带动髋关节旋转的动作，因为我们需要采取一种比较宽的犁式姿态，这里的宽是指板头的间距（下页图 ❷），其目的是给向内旋转的板头以空间，不至于两个雪板交叉叠加。那么这种较宽板头间

距犁式板形，由于雪板与雪面的角度小，更趋向于竖直向山坡下，因此无法达到比较好的刹车目的。用这种板形滑行，控速依靠的是转弯。

下面我们来尝试一下，向内侧旋转一侧的脚踝，雪板会立刻带着你改变方向；松掉刚刚的脚部动作，向内旋转另一侧的脚，新的转弯开始了，整个过程没有身体的参与，全部都是脚下的动作（图❸❹❺）。连续交替做上面的左右脚内旋，你便能够切换方向做连续转弯了。

发动脚向内侧旋转的力量后，脚下的雪板被带动旋转，由于雪板有一定长度，转动起来后就像一个大扭力扳手撬动我们的腿和髋关节转动，这种感觉是正常的。如果你发力过猛，脚向内旋带动雪板转起来后，由于雪板的长度与质量，脚踝会感受到一种被撕扯的感觉，这也是正常现象。雪板内旋到位后，需要用脚的力量去停止继续向内转动的雪板。随着练习，你的脚部力量会逐渐加强，对于雪板的控制也就随心所欲了。

第二种，大腿先横向打开再向内画圈。

对比第一种向内侧转动大腿根部的旋转方式，其动用的髋关节旋转幅度比较小，在转弯改变方向的过程中，直接向内侧旋转大腿根部及脚踝，会有一种走斜线转弯的感觉，就是说直滑好好的，突然脚改变了方向，身体会被拖着斜向走（图❻❼❽❾），如果身体没

交替旋转脚踝

身体后仰

有做出跟随转向腿的反应,很容易重心落后(图 ❶)。

第二种转动大腿的方式幅度则更大,对于方向的控制更为主动,也更接近后面我们将要学习的综合犁式转弯技术。第二种旋转大腿的方式需要大腿有一个打开的过程,且向前行进,并在行进的同时做内旋,也就是要兼顾打开、行进、画圈,三者同步进行(图 ❷❸❹❺❻)。明显对于腿部的控制要难了一个等级。

家中的旋转腿尝试

首先我们在家中尝试一下这个动作,找一把椅子坐在椅子的边缘,身体前倾,脚下摆出一个近似犁式的姿势(下页图 ❶),注意两腿之间的距离不要太大,给转向腿留出可移动的空间。如果模拟犁式横向打开太大(下页图 ❷),那么腿就没有打开的余地,只剩下向内旋转的份了。

用一侧的脚在地上滑动,做一个画圈的动作(下页图 ❸❹❺),感受大腿根部的横向打开、向前、向内侧旋转,两侧腿都要尝试,通常左腿会明显的不好用,多练习几次会有帮助。

旋转腿犁式转弯尝试

回到雪上,我们以一个较小的犁式板形斜滑出发,就是斜向的穿越雪道,在雪道一侧准备开启一个转弯。需要滑雪者根据雪道坡度适当调整斜滑的角度,以达到自己能够接受且不害怕的速度。越趋向于横穿雪道,速度越慢。

当准备开始转弯时,

098- 滑雪关键课

需要将山上一侧的雪板向侧前慢慢打开（图 ❻❼❽❾），注意这里指的打开并不是单纯地横推（图 ⓬⓭）侧蹬，打开雪板的同时还有大腿根部的旋转，还需要配合身体的回正（图 ❽），并逐渐向前跟随开始旋转的腿。

蹬踹雪板

第四章 永远的犁式，一切的基础-099

上述阶段都属于转弯的初期，整个过程不能着急，要让雪板向山下行进一段时间，应该画出的是字母 C 的上半部曲线。随着雪板逐渐改变方向，我们的身体与雪板回到了正中且面向山下（上页图 ❾），也就是来到了 C 的弧点，接下来继续旋转大腿根部开始改变方向（上页图 ❿⓫）。整个过程大腿都处于连续旋转的状态，中间并没有停顿，由于文字描述需要有个先后顺序，所以读起来感觉中间有所停顿。整个转弯改变方向的过程是有距离长度的，是一个连续的 C 形曲线。要动态地看滑雪的转弯过程以及转弯轨迹。如果我们的雪板能够在雪面上画出颜色，那么轨迹是一个很圆滑的曲线。

身体带转

需要注意的关键点：

身体在开始转动新的山下腿时，需要配合移动但不能主动先于腿转向（图 ❶❷）。

腿部转动时，脚踝需要绷紧控制雪板不晃动，做适当同步旋转。

适时结束转弯，开启新弯，不留恋。

综合犁式转弯：压转 + 旋转

滑雪转弯时我们有两个武器可以使用——压转：利用雪板设计转弯；旋转：运用人体关节转弯。

通常我们不会将两种技术完全独立开去完成一个转弯，更多的时候是综合运用两种技术。压力非常大，旋转就会差一些；旋转非常灵活，压力就会小一些；压力与旋转共存，控速就会从容一些。主要看你想要转什么样的弯，技术是灵活运用的，切记不要死板。

单侧综合犁式转弯

下面我们就来学习结合"压"与"旋"的犁式转弯技巧。要清晰的是，"压"来自于身体的重量，重量要通过转向腿一侧的髋关节传导至脚下的雪板（图 ❸）；旋来自于髋关节及部分脚踝微转。身体的移动要与脚下的旋转相配合。

❋ 通过练习来感受身体移动与腿部旋转的配合

（1）犁式直滑降出发，收窄犁式板形，接近于平行直滑（图❶），向一侧横向打开一条腿（图❷），打开的同时需要身体以髋关节为折点跟随打开的腿移动（图❸）。这个动作有一种横向跨步的感觉，只不过雪板没有抬离地面，是贴着雪面横向滑动，特别要注意保持脚踝发力，雪板是立刃状态，里侧刃抓雪（图❹）。接下来转动大腿根部向内侧画圈（图❹❺❻），由于大腿的带动，脚下的雪板出现旋转（脚踝也需要发力内旋），这时雪板开始改变方向，身体要保持最开始跟随转动腿横向移动的状态，压住这只旋转的雪板，由于转向的开始，整个转向腿这一侧包括跟随压过来的身体都来到了山下这一侧（图❼❽❾❿）。

身体跟随雪板来到山下一侧

这里最常见的问题就是身体感受到脚下的转弯后就开始向山上一侧躲闪（下页图❶），或是随着脚下的转弯转动肩膀（下页图❷）。要记住的是，身体从最开始跟随腿移动后，就一直处于这条腿之上并保持，即有压力的同时旋转雪板。

做完上面一侧转弯后，重新回到犁式直滑降姿势，尝试另外一侧的动作。至于如何回到直滑降前面压力式犁式转弯我们有讲过。简单地说，就是停止旋转

身体向后闪躲　　　　　　　转肩

大腿，上身回到两腿中心位置，等待雪板逐渐回到直滑面向山下。滑雪是双边运动，练习一定要双侧都练到，弱侧可以多练，直到两侧逐渐一致。

（2）犁式斜滑降出发（雪板斜向穿越雪道），我们用单侧多次旋转及压板，练习身体与腿的配合。

在斜滑的过程中保持一个中等的犁式板形，身体以山下髋关节为折点，通过向下向侧前降低身体重心（下页图 ❶❷❸）的方式向脚下的雪板施压（注意加压时不要过分弯曲膝盖，（下页图 ❹），相反膝盖要挺住劲儿，切记！）；同时大腿根部向内旋转腿，脚踝也要发力内旋（下页图 ❺❻❼❽）。这样我们就得到了一个迅速且稳定的转弯，转弯的感觉是雪板头趋向于横向雪坡，转弯有逐渐向山上转的感觉，这是一个很短促的转弯，需要完成上述动作后，把身体回直一些，脚下旋转腿也配合回正一些，注意不是开启新的转弯，是回到刚开始的斜滑状态，然后再重复同一侧的动作。如果雪道够宽，连续多次完成上述动作会出现类似这样的滑行轨迹（下页图 ❾—㉒）。

按照双侧都要训练的原则，另外一侧也要练习，注意横穿雪道时要观察上面滑下来的其他滑雪者。这个连续单侧转弯练习主要目的是配合身体加压与腿部旋转，同时要感受压力与旋转的施加，以及雪板的转弯表现。即压力越大＋转腿越多＝转弯越快；同样松掉压力，减小旋转，转弯便不再持续。

连续综合犁式转弯

尝试了单侧练习，接下来我们尝试连续转弯，要配合转换身体重心以及新山下腿的大腿旋转共同完成综合犁式转弯。

以中等雪板宽度的犁式板形斜滑降出发，这里要多说几句，为什么要以中等宽度的犁式板形出发？经过以上的很多练习，相信你也注意到了，我们不会用很大很宽的犁式板形去练习（图❶），主要是因为非常宽的两腿间距虽然能够将速度降得很慢，但是失去了腿的活动空间；并且非常宽的犁式会使得身体重心的移动，从一条腿转移至另一条腿要经历很长的移动距离，甚至需要发一个很大的蹬脚的动作，才可以将身体推至另一条腿（图❷❸❹）。然而蹬踹的力度是无法做到精准的，不是用力过猛就是发力不到位，从而导致身体重心的移动不稳定。

回到实际转弯场景，犁式斜滑降，此时身体重心偏向山下一侧（下页图❶），我们曾多次提及折叠山下一侧的髋关节来完成身体重心的偏移并保持在山下脚，这一点非常重要。

将要开始一个转弯时，需要我们转移身体重心，减小原有山下板压力，同时停止旋转山下一侧的大腿。双脚

较宽的犁式，
身体移动距离过大

过大过宽的犁式板形，影响身体重心移动

松掉脚踝力量，松掉旧山下板立刃

身体重心回归两脚中间

新山下脚发力并开始承重

新山下脚完全承重

会向雪面发力，逐渐改变雪板原有转弯方向进而开启另一侧的转弯。脚下的发力有一个顺序，首先原有山下脚向雪面发力（图❷），脚下的发力感觉是前脚掌大脚趾（如果想前脚掌发力踏向雪面，身体也需要配合向前倾，脚下发力与身体前移是相辅相成的），将压在山下脚足弓一侧的身体重量推回至两腿中间（图❸），当然在这个过程中身体核心肌群也参与了移动身体的发力。由于身体重量的转移，山下雪板上的压力也随之减小，原有的转向也逐渐趋于直滑。这有点像开车转弯时松掉方向盘，汽车会自动找正回归直线行驶一样。

第四章 永远的犁式，一切的基础 - 105

没有任何停顿，新的山下脚（原山上一侧的脚）开始向前脚掌、大脚趾发力，这只脚上的雪板开始受力形变成曲线开始改变方向（上页图❹❺），再配合大腿的内旋（上页图❻❼❽），让转向更加连贯迅速；与此同时，身体的移动并非停留在两腿中间，而是逐步向新转向腿移动并保持（上页图❹—❾），直到下一个转弯的开始。

可以把身体的移动想象成一桶水，向山下倒水，完成一个转弯后水桶回归水平，并继续向下一个山下方向倒去。由于文字描述需要有前后顺序，无法像运动过程中的动作很多都是同时进行的，因此请仔细阅读上面文字。

规范流程如下：

（1）原山下腿脚下前脚掌发力，身体核心肌群配合移动身体回正中。

目的：将压在脚上的身体重量转移，身体需要配合前倾且回正。

（2）身体重心回归两腿之间，没有停顿继续向另外一侧移动。

目的：减小原有山下板板刃上的压力，逐渐转移至新山下板。

（3）新山下脚前脚掌内侧发力，并逐渐开始转动大腿内旋，身体以这一侧髋关节为折点持续向大腿外侧移动身体重心。

目的：改变原有方向，通过身体重心的转移、身体重量使雪板曲线形变、大腿向内侧旋转，上述两种力量共同作用下迅速改变转弯方向。

综合犁式转弯小结

综合犁式转弯要配合身体的移动与腿部的旋转，需要一段时间的练习才可以熟练掌握，这是一个连贯的动作，要养成肌肉记忆，脚下的发力与身体的移动配合对于后期平行式有很大的影响。

滑雪者往往会被带自己来滑雪的朋友告知，要尽快进入平行式，平行式才是真正的滑雪。忽略犁式作为滑雪基础的重要性，这不利于后期的技术提高，甚至到中级水平进阶时需要返回来重新正规地学习犁式。

平衡好是先扎实地学，后期愉快安全地玩；还是先傻玩，后期再痛苦地修改之前傻玩养成的毛病！相信每个人都有自己的答案。当然你说："我就是游客式的尝试而已。"也没什么毛病，但作为滑雪指导员，我建议是，就算你是一次性的尝试滑雪，也需要照顾自身的安全。为了自己的安全起见，简单地学习一下基础刹车与转弯是很有必要的！

再次尝试单脚滑行

还记得我们在压转犁式转弯最后尝试的一个抬脚滑行练习吗？如果当时你没能较好地完成，现在再来尝试一下，看看现在是否可以稳定地抬起山上那一侧的非承重脚（图 ）。单脚滑行是检验身体重心是否能保持在山下脚的标志性练习。在完成综合犁式转弯的学习之后，相信你不管是在身体平衡的控制上，还是对自身关节与肌肉的控制上都有了不小的提高，这时再去尝试转弯后单脚穿越线滑行（斜穿雪道）会简单得多。

要注意的几点：

（1）身体要以山下一侧的髋关节为折点，向山下一侧折叠身体，以保持身体重心在山下板。

（2）脚下脚踝周边肌肉群要挺住力量，保持雪板的里侧刃稳定切住雪面。放松的脚踝会造成雪板打滑失去平衡。

（3）脚与髋的相对位置不应太远，脚处于身体正下方，在慢速情况下，不要将腿蹬离身体太远，这将无法支撑住身体导致倾倒与无法抬起山上一侧的脚。

（4）抬单脚滑行练习时，经常出现的一个问题就是转弯没有完成，就过早地开始抬起单脚，也就是雪板从上一个转弯逐渐向前滑，身体正朝山下这个时段抬起单脚，这时雪板是加速阶段，在这个时间段抬脚会出现身体的不稳定，主要是因为你的精力已全部投入至内旋大腿的控制、身体移动的控制上，无法顾及抬脚，即便是抬了也会跟跟跄跄，不如等待转弯完成，雪板斜向于雪道开始有控制地斜向穿越，此时有足够的时间去调整重心位置，抬起山上一侧的脚。随着滑雪水平的慢慢提高，后期会练习到一边抬脚一边完成转弯，但不是现在。学习是分阶段的！

半犁式转弯

这是向平行式过渡的一个重要阶段，主要针对山上一侧的非承重腿加以控制、收窄，最终逐渐向平行式过渡。半犁式转弯可分为两部分，首先是转换方向阶段，应用上面学习的转弯技术完成弯与弯之间的衔接；其次是转弯后的控制阶段，即斜向穿越

雪道。这个时段身体重心稳定地跟随山下脚移动，山上一侧脚与雪板属于辅助平衡的功能，并无压力，此时将其收窄，向山下一侧的承重腿靠近形成两板平行是比较容易的（图❶❷）。犁式转弯我们通过上面的学习已经比较熟悉了，下面着重对转弯的控制阶段，也就是斜向穿越雪道阶段，山上一侧的非承重腿进行收窄动作的讲解。

原地动作模拟

（1）半犁式雪板刃的变化

回收山上腿

至双板平行

横向静止地站在雪坡上，感觉像横向站在楼梯的两级台阶上，脚下的雪板刃为山下承重腿是内侧刃，山上非承重腿是外侧刃（图❸）。低头看一下脚下的雪板，双板是平行的，这个雪板形态就是我们在斜向穿越雪道时需要保持的。

将山上一侧的雪板打开成犁式板形，要保持身体重心的稳定，可以用雪杖支撑并辅助平衡（图❹），思考一下如何将犁式板形回收至刚刚的平行板形！

仔细观察你会发现，犁式板形和平行式板形的最大差别在于，犁式板形是两个内侧刃着雪，山上腿也是内侧刃（图❹）；而平行式雪板形态，山上一侧的腿是外侧刃着雪（图❺）。

过渡内侧刃至外侧刃需要经历中间平板过程，腿与脚都需要发力控制，这个过程中动作控制是很细腻的，但很多滑雪者在这段时期很容易忽略脚下的细节动作，囫囵

用雪杖支撑感受平行→打开犁式→回收平行

吞枣地进阶平行式去了，留下了山上腿的众多隐患，后期非常难以修改。强烈地建议刚开始学习的滑雪者，在半犁式阶段多花点时间与耐心，雪板边刃由内侧刃翻转至外侧刃非常重要且关键！

（2）半犁式如何收脚

接着上面继续讲如何将"撇"着的山上腿从犁式板形收窄至平行板形。在讲技术细节之前，你可以自己尝试一下，把腿收回来。估计你会遇到下面问题：

会感觉回收腿时雪板的内侧边刃卡住雪（图❶），回收困难。

腿收回来的时候膝盖与山下一侧的腿触碰上了，但是雪板没有靠近到位（图❷）。

收腿回来的过程身体重心开始不稳定，身体开始因为收腿动作向这条腿移动（图❸❹）。

以上这些都是常见问题，所以我说这个收腿动作很细腻，需要注意很多细节！

回收山上板时首先需要将卡住雪面的内侧刃收起、放平，完成这个动作主要关注膝盖与脚踝的相互配合，通过向上提起膝盖并弯曲，使得脚下的里侧雪板刃微离雪面，随后脚踝有翻转将雪板放平在斜坡上（下页图❶❷❸）。尝试在雪板放平后拉动雪板向山下腿靠近，是不是容易了很多？但有时还是感觉到里侧刃的卡顿，不要紧，这是因为还差一个步骤。

当我们通过提膝翻转脚踝将山上一侧的犁式雪板放平后，还需要继续翻转脚踝向雪板的外侧刃（下页图❸❹），同时膝盖因为翻转脚踝的动作有向外侧旋转的感觉（实

❶ 回收山上腿未翻转脚踝卡住里侧刃
❷ 膝盖没有外翻，致使双膝顶住无法有效回收，山上脚至平行
❸
❹

第四章 永远的犁式，一切的基础 - 109

际旋转来自于髋关节），随后动用大腿内侧的肌肉将脚连同雪板拉向山下一侧的脚（图 ❺❻❼❽）。

可以原地尝试一下这个动作，感受大腿内侧肌肉的发力收紧。还需要特别注意的是：a. 在拉动雪板时，脚踝是需要发力保持翻转状态的，因为在拉动雪板的过程中，雪板的外侧边刃接触雪面产生摩擦力，所以需要动用肌肉的力量去控制雪板对抗阻力，这一点很容易被忽略，一定要加以重视！

b. 犁式板形呈三角形，山上一侧的雪板在拉动靠近山下板时，需要将板尾更多地移动（图 ❺❽），有种后脚跟靠近的感觉。

回收山上腿时轻提膝，雪板微离雪面再拉动脚移动

翻转脚踝拉动脚向支撑腿靠近，有类似用雪板外侧刃抹黄油的感觉

滑行收脚尝试

原地多次尝试后我们便可以在滑动过程中练习同样的收脚动作了。先不着急连续转弯中做收脚动作，可以先从单侧斜向穿越雪道练习收窄山上板，然后打开再收窄循环动作，专注于脚下的控制，待熟练后再尝试连续转弯时做这个动作。

犁式板形斜滑降出发，出发前要摆好斜穿雪道的角度，出发后通过大腿的旋转微调雪板横切雪道的角度以控制速度，较慢的滑动速度使你有时间有精力去控制山上一侧的雪板回收动作。

确保身体以山下一侧的髋关节为折点，体重始终置于山下一侧的腿，开始移动山上一侧的雪板。刚开始拉动山上板靠近时你不会有太多精力去顾及之前讲的技术细节，能移动过来形成平行板形就已经相当不错了！切勿着急！随着练习的不断尝试，试着按照前面章节提到的技术动作收回山上脚（图 ❶❷❸）。

要注意的是，回收山上脚时，与身体并无关系，只需要动用山上一侧的腿部肌肉！在这个阶段的滑雪者对于平衡以及身体重心的持续保持相对弱一些，很容易出现移动山上脚至平行时，将身体向山上一侧移动（下页图 ❶❷❸❹ 不同角度对比），这个动作会使身体迅速压住山上一侧的脚与雪板使其无法继续移动，导致雪板收窄成平行不到位，依然是一个小犁式状态。

把脚下的动作分为两步去完成，先收膝、翻脚踝，将原有山上板犁式板形的内侧雪板刃放平（图 ❷）；放平雪板后动用大腿内侧肌肉拉动雪板，继续翻转脚踝，膝盖向外侧打开。由于犁式板形呈三角形打开，两板尾距离更宽，所以需要更多地移动后脚跟带动板尾向山下板靠近。

斜滑降过程中回收山上脚

✵ 注意两个常见问题

板尾拉动过度形成 V 字板形。上面说的更多的拉动后脚跟贴近山下板，做什么事情都需要恰到好处，拉动脚跟及板尾移动时用力不能过猛，同样要脚踝及足部发力控制板头，通常拉动板尾过猛时板头会向山上一侧打开过多，形成 V 字板形（图 ❺）。

回收山上脚时身体向回收脚一侧倾倒

板尾拉动不到位则为小 A 字板形（小犁式板形）。

半犁式收脚至平行要恰到好处，这就需要不断地练习，在半犁式阶段是养成山上脚翻转外侧刃的最好时机，不要着急进入平行式转弯，稳定的控制山上脚翻转雪板外侧刃。控制脚踝的翻转，膝盖的向外打开配合。如果你在这个时段用心练习了，你就不会在后期出现 K 腿，K 腿将严重影响滑行的美观度！

如果你不能良好地完成回拉山上腿的动作，可能是你大腿内侧的肌肉群比较弱造成的，需要加强肌肉力量练习。给大家一个在家中可以完成的训练，夹腿练习。穿上袜子以犁式刹车的姿态站在地板上，注意脚踝要挺住劲，是两个足弓内侧着地；两大腿内侧共同发力，将两只脚拉近，身体会向上移动，你会感觉到大腿内侧有紧张感、发力感，如果肌肉薄弱还会有肌肉发力后的疼痛感。那就说明你用对肌肉群了，发力正确了。

滑雪永远都是双侧运动，双侧练习，一侧的回收山上脚练习后，调转方向练另外一侧。如果雪道足够宽，可以多次打开收回、打开收回重复练习，增加练习效率。

连续滑行中收脚

斜滑降收脚至平行式逐渐熟练后，我们便可以开始在连续犁式转弯中增加收脚动作，形成标准的半犁式转弯了（图❶-❿）。

还是以犁式斜滑降出发，控速斜向穿越雪道，在过程中按照上面讲的技术动作完成犁式转弯后将山上脚收回至双板平行（图❸-❿），雪板刃为山下板内侧刃，山上板外侧刃（图❿）；保持一段时间的平行斜滑降后，重新将山上脚打开至犁式板形，打开动作保持身体稳定，只有山上腿做独立打开动作（图⓬）。

犁式板形准备好后，开始犁式转弯，初期练习半犁式可以先使用较为简单的压转式犁式转弯：山下腿发力，脚下内侧脚掌前部踏地，将压在其上的身体推回至两板中间位置（图❹❺），身体配合向前倾、向两腿中间移动；耐心等待雪板逐渐回正、回归犁式直滑降；雪板接近犁式直滑时，向另外一侧的腿移动身体重心，通过新承重腿一侧的髋关节折叠实现，脚下踝关节要发力挺住雪板刃，以迎接逐渐压上来的身体重量（图❺❻❼）。

新一侧的转弯开启，在转弯改变方向后，进入稳定斜滑降，保持身体持续的压住山下腿及雪板，开始移动山上一侧的腿，以半犁

式收脚技术动作完成回收山上雪板至双板平行，并保持一段时间的平行斜滑降（上页图 ❼❽❾❿）。

重复上述动作，实现半犁式转弯连续滑行。需要注意的是：收脚后平行斜滑时，山上一侧的脚踝仍然要保持发力翻转状态，膝盖也要配合向外侧打开。这个动作在滑行中保持会感觉很别扭，特别想把脚放平，如果你放松了对脚的控制，雪板就会放平，腿就会垂直于雪坡，相对于另外一侧的山下腿，两个膝盖就会 K 住，这将严重影响滑行的美观度，一定要控制脚下保持脚踝的翻转，保持山上脚外侧雪板刃抓雪！

❋ 继续单脚滑行练习

采用压转方式的半犁式转弯熟练后，再来尝试一下单脚滑行，这时的单脚较之前的练习，对于抬起的山上脚有控制要求。压转犁式转弯后进入稳定斜滑，回收山上脚并提起山上一侧的雪板板尾，脚踝需要像做半犁式转弯收脚动作一样翻转并发力保持，膝盖因脚下动作而打开（图 ❶）。脚下有一种踢毽子的感觉，即山上一侧的脚心去贴近山下承重腿的小腿（图 ❷）。

切忌做成图中的样子（图 ❸❹❺），极丑！！！不正确！

半犁式转弯练习

半犁式转弯的主要目的是向平行式转弯过渡，很多半犁式阶段的练习对于后期平行式有很大帮助，下面给大家介绍两个很实用的练习。

跨小步半犁式转弯。这个练习能够同时训练到很多技术点，包括平衡、重心移动、收脚动作、雪板的刃的翻转等。如果你已经掌握了单脚滑行，那么这个跨小步对于你来说就是小菜一碟，当然一些技术细节还是要注意的，主要集中在脚下的内外雪板刃的翻转上。

犁式斜滑降出发，斜向穿越雪道逐渐将山上脚收回至平行，在保持平行斜滑降一段时间后准备开始尝试跨小步转弯。分三到四小步来完成整个转弯阶段，注意是跨小步，小步，切勿着急（图❶-❿）！

第1步，身体由山下一侧回正并横向、前向持续改变重心位置，同时山上一侧的脚做打开小犁式动作并翻转脚踝放平板。脚的打开与身体的移动要同步配合，也就是身体挪过来了，下面要有支撑，否则就倒了！身体重量从旧山下脚拿走后，这只脚便可以跟随移动脚步。脚下的动作轻提起脚并翻转脚踝，把原有的内侧雪板刃放平板跟过来。（图❷❸）

第2步，依然跨山上一侧的脚，身体也要跟随移动重心，第二步脚下落地要使用内侧雪板刃，脚踝要收紧肌肉，足弓内侧准备迎接压上来的身体重量。旧有山下脚跟随移动脚步，开始转换脚下雪板刃为外侧刃，这时并没有完成转弯，甚至刚开始逐渐面朝山下，这比上面章节我们做的回收脚的翻转脚踝动作要早了半拍。（图❹❺）

第3步，重复上面动作，这时先跨出的还是同一只脚，但其所在位置随着雪板的移动变成了新山下脚，随后跟步的原有旧山下脚变成了新的山上脚（图❻❼），通过这三步我们已经调转了雪板方向进入平行式斜滑了。遵循双侧练习原则，尝试一下另外一侧，不熟练可以多次尝试，如果觉得速度控制不了则需要减小斜滑降的角度，更多地横向穿越雪道。

跨小步逐渐改变板头方向，分开3-4小步完成方向改变跨步转弯。较好地完成跨小步犁式练习后，可以尝试跨步转弯，即一步到位。并不是说跨出巨大而夸张的一步，意思是说山上一侧跨步时，直接打开犁式板形，旋转雪板，同时翻转脚踝，将雪板的里侧刃直接落至雪面，此时雪板的角度接近正朝山下，是接近正朝山下，不用过于纠结，只要雪板刃是内侧刃着地，身体重心同步跟随并落在脚内侧，新的转弯就已经开始了。另外一侧的旧山下脚要做跟步动作（图❶❷❸），当然要翻转脚踝至外侧板刃落地。

新山下板跨一步改变板头方向，旧山下脚翻转脚脚踝跟随

双侧熟练后可以加大难度，做小跨步跳，这对身体与脚的配合、身体平衡、雪板刃的准确翻转又高了一个难度等级，注意是小跳，不用为了跳高而跳！目的是身体跟随新山下板同步移动，脚下配合翻转脚踝，雪板内侧刃切入雪面开启转弯。

结合综合犁式转弯的半犁式

如何用综合犁式转弯技术来完成半犁式转弯？这个混合了多种身体控制的动作其实并不难，在之前我们完成了那么多的分解练习，是时候检验综合实力了！（下页图❶-❻）

以平行斜滑出发，也就是已经完成回收山上脚的动作时的姿态，雪板形态为山下脚内侧刃，山上脚外侧刃着雪。此时想要开启新方向的转弯需要发力旋转大腿，向侧、向前打开山上一侧的雪板板尾；同时身体要配合向前倾并有回正反应。

要注意的是：身体重心不要过快地移动到山上一侧，有时滑雪者为了更主动地跟随转动腿并使其承重，过快的将身体重心移动到这条腿上（下页图❼❽❾❿⓫），新的转向腿还处于山上位置，也就是说你的身体移动不是向山下滑动方向，而是向山上一侧，这会造成身体重心落后，同时还会因为身体过快移动，脚下刚建立好的雪板立刃因身体重心的过多移动而趴平无法开启新的转弯。如果你的身体重量压在了平板上，是无法开启转弯的，反而会直冲加速！

过早移动身体跟随新山下脚,脚下雪板刃没有完成内侧刃转换

在新转向腿(新山下腿)开始打开犁式板形的阶段,身体先是向前倾,而后回归两腿中间位置,雪板在这个过程中是逐渐向山下回归犁式直滑的,身体不做停留,随着雪板从原有转弯方向改变为接近直滑,继续向新转向腿一侧移动身体重心(再次强调,以新转向腿这一侧的髋关节为折点),向内旋转大腿,脚踝也要同步旋转,在雪板改变方向后快速收回山上板至双板平行斜滑。整个过程一气呵成,没有任何停顿才算合格的完成!

🎿 向平行式进阶

收窄板距向平行式过渡

能够熟练地完成半犁式转弯后,要开始向平行式转弯再进一步。尝试在转换时,山上一侧的雪板打开犁式板形小一些(图❶),转弯整个过程的技术动作与上面篇章无异,开启新一侧的转弯后立刻将山上脚收回,注意脚踝的翻转,要挺住整个脚部的力量,让雪板保持外侧边刃剐雪。想象你山上一侧的雪板是一把黄油刀,把它斜过来剐抹黄油表面。

小犁式板形入弯,雪板滑行速度会比之前要快,逐渐适应才可以做到流畅转弯,这也是你的身体对于速度的适应过程。刚开始时,脚下的雪板拖着你跑,总感觉身体被落在后面,这很正常,不要灰心,不断地练习与适应速度,当你的心里接受了这个速度不再恐惧,动作就自然能够做到位了。

❶

滑雪的第一个阶段性目标是进入平行式滑行,顾名思义雪板在转弯的任何阶段都要保持双板平行状态。这对于一直"撇"着腿滑犁式转弯的你并不容易!雪板在入弯阶段习惯性地打开犁式 A 字板形。我们需要通过练习慢慢调整为平行式板形。就像上面的小犁式转弯练习,其目的也是为了收窄双板间距,从犁式三角形站姿到平行式窄条形站姿,身体的左右向平衡会更难控制,需要练习才可以掌握。

基础平行式

通过前面大量的犁式练习,我们已经积累了相当过硬的技术基础,下面通过几个练习把之前学到的所有技术点串起来,你会发现平行式并不难,难点就剩下突破心里对速度恐惧的那道防线了!

第 1 个练习,平行斜滑降身体回正练习。这个练习的主要目的是通过脚下发力的变化,将压在山下板上的体重转移,山下板压力变小,雪板曲线形变减小,原有转弯减小,逐渐斜滑而后回归直滑。在斜向穿越雪道过程中,重复几次身体回正动作,感受脚下的压力变化,感受雪板转弯大小的变化(下页图 ❶❷❸)。

脚踝松掉雪板立刃，身体回正，
雪板回归直滑

以一个平行板形斜滑降出发，山下脚里侧刃、山上脚外侧刃着雪，身体以山下一侧的髋关节为折点，偏移身体重心至山下腿。记住这个形态，在斜向穿越雪道过程中我们要多次移动身体至两腿中心位，而后再将重心移回，单侧多次身体重心移动练习。

脚下的发力感觉及动作细节是这样的，山下一侧的脚整个内侧，包括前脚掌、足弓、脚跟，由于体重在其上面压着，会明显感觉到承重；发力向内侧脚掌边缘，有脚内侧踏雪的感觉，这样发力后会感觉到雪面的反作用力，通过腿的骨骼传导至髋关节，最终作用于身体。身体被推着回到两腿中间位置（图❷），当然身体的核心肌群也参与了发力把身体拉回中间位置；山上一侧的脚要配合什么？山上一侧的脚踝要做放平雪板刃的动作（图❸），由原有的翻转脚踝并保持外侧刃逐渐放平雪板刃，要配合身体回中心的动作一起。

身体回正后保持一小段时间，再次将身体以山下髋关节为轴折回原有姿态，体重再次压至山下腿。根据雪道宽度，多次完成身体重心的回中转移，双脚下一定要配合雪板刃的翻转。

雪板划出来的轨迹是这样的：当身体重量回至山下腿时，转弯半径小而圆；身体回到中心时，转弯半径大且平。连续多次转移身体重心，雪板轨迹类似花瓣。这种练习有个亲切的名字叫："花环弯"，是个不错的单侧多次练习。

第2个练习，新山下脚翻转换刃练习。继续上面动作向平行转弯进发，这个练习是在上面练习的基础上做了一点点的调整，首先确保你能较好地完成第一个练习，标准是能够始终保持双板平行。

需要调整的部分是：在山下脚发力踏雪面时，身体向前倾，脚下发力点会来到前脚掌逐渐到大脚趾（下页图❷），这样身体被推回两脚中心时身体前倾，山上一侧的脚翻转脚踝放平雪板，由于身体前倾，山上脚翻转放平时也会感受到大脚趾有一些承重（下页图❸），身体前倾还会带着两只雪板向山下一侧逐渐回归直滑。

第四章 永远的犁式，一切的基础

此时你会有强烈的要打开这一侧板尾进入犁式立刻开启新弯的意愿，一定要忍住了，等待雪板前行回归直滑。雪板逐渐直滑的速度是很快，远远快于犁式与半犁式转弯，这里需要适应速度，如果心态崩了，你就会立刻打开犁式刹车或者转弯。这时需要一点点的勇气，当然选择一个你直冲下去也不怕的雪道是更加明智的。

雪板在接近直滑的过程中，原山上一侧的脚会由脚的外侧翻转为内侧，就是上面谈到的，身体向前回正中时开始感受到大脚趾有一点点压力，顺着这个感觉继续翻转脚踝及足部，让整个脚的内侧有向雪面"摁"的感觉（图❹❺），这个脚下动作细节会让雪板里侧刃抓雪，尽管只有一点点，转弯已经开始了，这只脚也成功去到山下一侧成为了新山下脚。与此同时身体要向这一侧继续移动重心，并把体重压至山下一侧并保持。与此同时，旧有的山下脚由内侧刃抓雪逐渐放平板，翻转脚踝让脚的外侧边着地，有种踢毽子的"赶脚"，雪板也随之翻转至外侧刃着雪（图❹❼）。旧山下脚在整个翻转成为新山上脚的过程中要全程发力控制（注：发力不是向雪面蹬踏，而是发肌肉的力量去控制脚的翻转），切忌放任其不管！

※ **减速并分解练习 2 的动作**（下页图 ❶-❿）

如果在进入直滑过程中害怕速度，控制不好后面的转弯，我们可以尝试身体回正中、双脚雪板刃放平逐渐回直滑后，先打开犁式刹车控速，再收窄成直滑降。随后按照半犁式收脚时的脚踝翻转动作，做一个外侧刃的翻转并保持（下页图 ❼），如果你这样做了，另外一只脚会自动向里侧刃翻转。划重点，身体要配合向外侧折

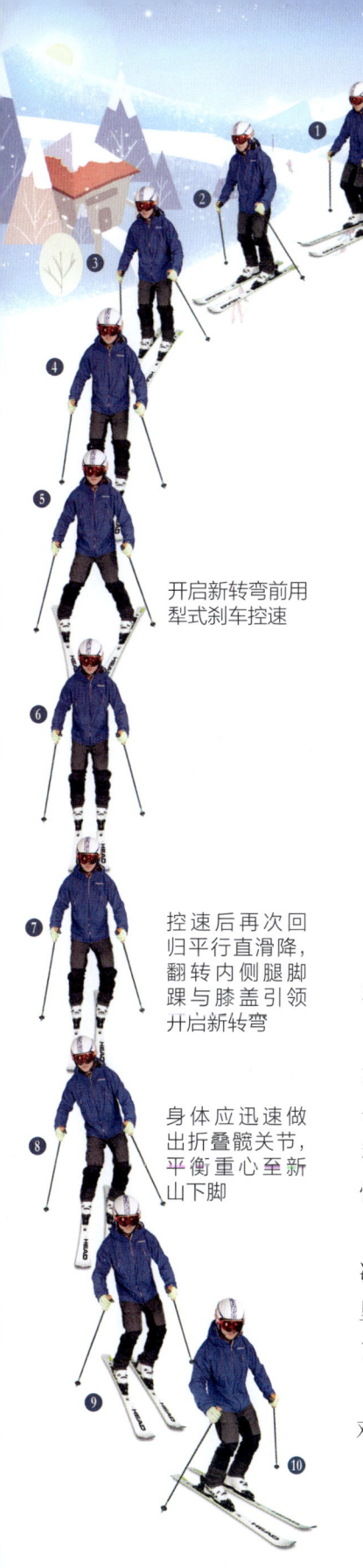

开启新转弯前用犁式刹车控速

控速后再次回归平行直滑降，翻转内侧腿脚踝与膝盖引领开启新转弯

身体应迅速做出折叠髋关节，平衡重心至新山下脚

叠髋关节（图 ❽），新山下一侧雪板因为里侧刃抓雪会推着我们转弯至山下一侧（图 ❾❿），身体要配合向山下一侧移动并保持重心在其上方。

做这个分解练习的目的，是把上面章节的连续平行式转弯分为两个部分，需要先专注转换区由上一个转弯逐渐回直滑的过程，需要始终保持双板平行，最需要的就是耐心！待身体回到两腿之间，两雪板都逐渐放平板减小立刃，逐渐趋于直滑降，这个过程会加速，因此，我们拆分了一个中间环节，就是在直滑后先犁式刹车减速，然后再回到直滑开启新转弯。

第 3 个练习，直滑接平行转弯。开启新的转弯就涉及直滑降出发然后开始转第一个弯，这也是一个重要技术点。下面我们要对直滑降做一些重点练习。直滑降虽然是一个过渡姿态，但对于弯与弯之间的衔接非常重要！

平行直滑降，保持双板平行的滑雪基本站姿，径直滑下雪道。听起来有点吓人，但这也是基本功，非常考验平衡以及对雪板的控制，身体姿态的保持。

选择一个你直冲下去都不害怕的雪道，别误会我的意思，老老实实去初级道。站好滑雪基本站姿，直滑下去，下滑过程中微调你的身体重心始终跟随雪板向山下移动。任何怂的心态都会让你把身体往后仰，越仰越害怕，越害怕越快！

此时的直滑降对脚下的雪板要求比最开始我们第一次上雪时候要高得多。雪板是完全平板的，而不是两个里侧刃抓雪的小微犁式，膝盖往里夹是绝对不允许的（下页图 ⓬）。

在标准的直滑降时，身体重心居中在腿中间，重心对于任何一条腿都是偏的，如果你在直滑降时做抬起一

条腿的动作，那么身体就会向抬腿这一侧倒去，因为少了一侧的支撑。不过我们人体是非常精密的"陀螺仪"，不会轻易让我们摔倒，当你在直滑降过程中尝试抬起一侧的脚时，身体会自动做另外一侧的平衡，也就是我们频繁提到的，以承重腿一侧的髋关节为轴，折叠身体偏移身体重心至称重腿（图❸）。脱掉雪板在平地试一下抬起一条腿，你的身体也会自然地做这个动作。

✱ 抬单脚时的常见问题

当然你做的可能不会有那么标准，或许是手臂挥舞去控制平衡（下页图❶），或许是腰部的侧向弯曲去代偿髋关节的折叠（下页图❷），再或许是人体中段髋部向外侧拱（下页图❸）。上述三种本能反应在滑雪时属于常见错误。为什么？滑雪转弯需要的是立刃，立转向脚（将要成为山下脚）的里侧刃。更确切地说，是通过立刃改变了力的方向，不往复杂了说，你只要知道一只雪板立里侧刃就会有力量推着你进入转弯。

第一种情况，手臂挥舞会造成身体的不稳定，脚下里侧刃当然也会不稳定。

第二种情况，腰部做侧弯代偿髋关节折叠，虽然可以做到平衡脚下立刃的目的，但是对于后期的提高非常不利。

第三种情况，向撑重腿一侧拱髋，在平地上可以做到平衡，但你看一下脚下，体重压到了脚的外侧。刚才我们也说了，滑雪转弯需要用到雪板的里侧边刃，显然这用反了方向，还会造成扣膝，是绝对错误的！这个错误的重心移动问题我们在压转犁式转弯最初就有提到。

直滑降抬单脚练习稍作调整就可以开启转弯了！要专注脚下的雪板刃变化以及身体重心的偏移配合。

以标准直滑降出发，双脚雪板都要是平板，如果轻轻提起任意一只脚，注意提脚不是竖直提起，脚下需要轻微翻转脚踝（图❹❺），类似踢毽子的动作提脚，不要抬太高，只要里侧雪板边刃翻起来离开雪面就好，有一种用这一侧的脚心去贴近另外一侧的脚踝的感觉。当你做了上述动作后，身体重心已经开始向翻脚这一侧偏移了，另一侧支撑脚因为身体重心的轻微偏移，脚的里侧承重受力，也就是雪板的里侧刃抓雪，转弯开始了。

但是，特别要注意的是，身体要迅速做出向刚刚要倾倒的反方向折叠髋关节调整身体重心反应（图❺）。这一系列的动作几乎是同时发生的，要养成肌肉记忆。脚下的两只脚同步翻转，一个向内侧一个向外，身体要向踩内侧刃那一只脚去偏移重心，平衡雪板向里侧推的力量。

如果你从犁式篇章的开头读到现在，你会发现我们一直在强调身体的动作与脚下相配合。特别是正确地使用髋关节，向承重脚一侧去折

叠这一侧的髋关节！我是不是又说了一遍，还是记不住的话再去读一下髋关节那个章节吧！

总结一下基础平行式的公式：

平行斜滑降出发身体重心以山下一侧髋关节为折点，将身体重心置于山下雪板里侧刃上。

转换区身体回正中并向前倾、旧山下脚前脚掌内侧发力推身体回正中且前倾、旧山下板立刃角度逐渐放平、雪板里侧刃因身体重量转移而减压。

山上板翻转脚踝放平板（原为外侧边着雪），跟随身体前倾的引领，大脚趾会感受到轻微压力、雪板放平会逐渐回归直滑降、有耐心地等待雪板引领身体趋向于面朝山下。

山上一侧的脚在接近直滑时即可继续翻转脚踝，足下为整个脚掌的内侧边缘受压承重，内侧雪板刃逐渐抓雪、身体以这一侧的髋关节为轴向雪板外侧做折叠找平衡。

与第四步同步，旧有山下脚放平板逐渐回归直滑后，继续翻转脚踝让雪板外侧边刃着雪，这里我没有用抓雪，在这个阶段新的山上脚只要能够保持脚踝的翻转状态，使外侧边刃轻轻置于雪面即可。

完成上述连续动作，你的新转弯就已经开始了，其实这些动作都是之前学过的，如：犁式转弯身体重心的配合移动、半犁式转弯山上脚的动作细节等基础的叠加。需要点耐心等待雪板逐渐回归直滑，不要在这个等待过程中急躁地打开犁式板形。双脚下的雪板刃也要翻转并切换。的确这时候速度比之前的犁式要快不少，找一个适当的坡度不断尝试会大大增加你对自身"最快"速度的接受能力，慢慢地你就觉得不过瘾想去陡坡尝试了。但要记住，切勿逞能！

平行式基础控速

熟练掌握基础平行式后你会发现在稍陡一点的坡还是控制不了速度！这可如何是好？有两种方式可以帮助你逐渐控制速度：

第1种，在转弯后进入稳定斜滑，要充分利用雪道的宽度，用长距离的斜滑逐渐横滑换取速度的减缓，速度的减缓是因为斜向穿越雪道时相当于逐渐减小了坡度，趋于横切雪道时坡度等于零。当然横穿雪道时一定要注意安全，观察上面滑下来的其他滑雪者避免碰撞。如果斜滑逐渐横滑依然觉得快，也可以适当向山上一侧转一些板头，雪板在转向山坡上的时候便会减缓速度快一些。

第2种，对雪板刃加压增大雪板与雪面的摩擦力。这样说可能没什么概念，我们是可以通过向下俯身的动作向山下板的里侧刃施加额外的压力。想象我们的身体（髋关节以上）为一个大质量块，通过髋关节的折叠向下坠砸向了腿，腿相当于被砸的桩，而脚下的雪板刃会受压更深的刻入雪中，这时再驱动腿与雪板转弯时，雪板刃周边的雪提供了更多的阻力，从而减缓了速度。

需要特别注意的是：腿在承受身体向下的压力时是绷紧肌肉的"立柱"形态，而不是顺势弯曲膝盖的"软脚虾"形态。再一次用被砸的桩来举例，桩的形态是下头尖尖的柱状，承受砸下来的重量后会深深地嵌入土中。那么一个中间折断的桩还能正常工作吗？相信你有自己的答案了。大腿肌肉发力紧张，膝盖要顶住劲，脚踝同样要挺劲，挺住雪板刃！

平行式小结

至此我们完成了滑雪入门阶段的学习，即犁式转弯到基础平行式。这只是滑雪的起点，进入滑雪平行世界，标示着你已成为众多滑雪爱好者中的一员。前方等待我们挑战的雪山还有很多，基础滑雪技术是始终都要练习的，既关乎滑雪时的自身安全，又联系着运动快乐的等级。

高阶的快乐只有不断提高滑雪水平才能逐渐体会到。速度的快乐是让人无法抗拒的，提高速度的前提是安全、可控。让我们为了更高级的快乐，与更高的可控速度一起努力吧！

第五章

独立篇章

🎿 重心的转换

动态思维

　　这是一个非常重要的篇章，绝大多数滑雪者在滑行过程中的身体落后、身体里倒都出在重心转换区。我们在滑雪过程中，整个人体时刻处于移动中，没有一刻停止过，除非你刹车至完全停止，但在停止前仍处于向下滑动过程。

　　往往滑雪者在做滑雪动作时，考虑的是当时那个静止时刻应该出现的动作，因此即便你这个时刻做对了，不代表下一秒你不会被雪板甩下。要用动态滑行思维去看待滑雪，把雪板的整个转弯轨迹看作成若干个点，你在某个点去静态想问题时候，要向前向后多看几个你自己已经发生的动作和将要发生的动作。

　　为什么要这样说呢？在我们踏上滑雪板冲向雪坡那一刻，雪板就像脱缰的野马，时时刻刻想把你甩掉，只要你不去对其进行控制，它就会立刻跑到你的前面，这个控制不仅仅是我们的双腿双脚，更多的其实是对身体这个"大秤砣"的控制，动用肌肉去平衡身体与雪板的相对位置，多了不行，少了还是不行！

　　有没有听过那句话，始终保持你的平衡在山下板！这就是各大国际体系都在强调的。但具体怎么做呢？接下来的篇章我们从弯与弯之间的转换角度去给大家解读一下。

动作基准与名词描述

　　首先我们要确认的是，本书所说的动作是建立在身体以山下髋关节为折点与山下腿做反折平衡的理论基础上的，也就是我们所说的反弓；适合初中级水平阶段的滑雪者。滑雪体系有很多种，我们不去评判，可以做横向的优点对比，选择适合自己和自己喜欢的就好，在滑雪世界里没有绝对的对与错，只有适不适合你当时的滑雪阶段！

　　在开始讲转换之前需要把对于双腿的描述词解释清楚。当我们横向于滚落线停止地站在雪坡上，山下那只脚叫山下脚（有点废话了），山上那只脚我通常会描述其为"即将成为山下脚的脚，简称新山下脚"。这样描述是为了将转换区身体跟随哪只脚说得更清晰，即旧山下脚与新山下脚。要说清楚转换区那点事需要几个名词，那就是新山下脚的外侧刃、新山下脚的平板、新山下脚里侧刃，这些是转换过程中新山下脚雪板的板刃切换，希望读者不会读到这些时"昏"过去！

重心转换

好了,正式开启转换区身体重心切换的讲解。先以一个犁式转弯去给大家讲解转换时身体是如何移动的。

以一个犁式板形横向站在雪坡上,假设我们在上一个转弯的结束正要开启一个新弯,身体需要向山下、向新弯圆弧方向去做引身(图❶❷),当你做了这个动作后会引发后面的两个结果,一个是身体内倒是错的,一个是正确的身体跟随新山下板。

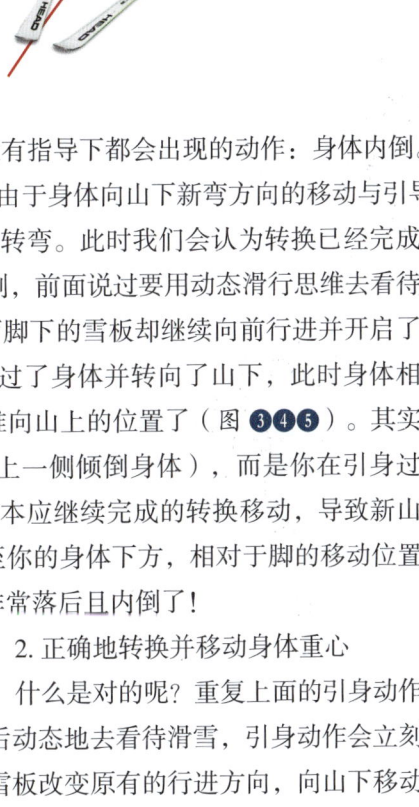

身体向新弯圆弧方向移动

1. 身体内倒

我们先来说错的,也就是绝大多数人在没有指导下都会出现的动作:身体内倒。

转换阶段做了一个引身后,由于身体向山下新弯方向的移动与引导,雪板开始跟随身体向山下开启转弯。此时我们会认为转换已经完成,把身体留在了引身的那个时刻,前面说过要用动态滑行思维去看待滑雪,身体停止了转换移动而脚下的雪板却继续向前行进并开启了新的转弯,新山下板很快超过了身体并转向了山下,此时身体相对于新山下脚已经处于被推向山上的位置了(图❸❹❺)。其实并不是你想内倒(向山上一侧倾倒身体),而是你在引身过程中提早结束了身体本应继续完成的转换移动,导致新山下板"包抄"至你的身体下方,相对于脚的移动位置,你就非常落后且内倒了!

身体向后躲闪,脚超越身体到达山下,将身体更加推向山上

2. 正确地转换并移动身体重心

什么是对的呢?重复上面的引身动作,然后动态地去看待滑雪,引身动作会立刻引导雪板改变原有的行进方向,向山下移动开启新的转弯,引身动作后紧跟着需要我们将身体回正,由旧的山下脚上方向新山下脚方向移动,回到两雪板中间,这时新山下板已

经移动至正朝滚落线，我们正以一个犁式刹车的姿态正朝山下，这是一个很短暂的过程。继续移动身体，以新山下腿髋关节为折点将身体向新山下脚雪板的外侧移动，增大新山下板这一侧的压力，开启新的转弯（图 ❶❷❸❹）。

3.平行式转弯时身体重心的交换

与犁式转弯在身体回正环节上稍有区别。犁式转弯在引身后身体回到两腿之间，回到犁式直滑降姿态，然后向山下侧折叠髋关节，将身体重量放置于山下腿一侧以增加这一侧雪板内刃的压力；平行式转弯在引身后，身体需要跟随新山下脚一侧（图 ❺❻❼❽❾），并非先回到两腿中间等待，身体移动是线性的，只是路过两腿中心位置然后继续跟随新山下脚向前移动。这样的移动能够让新山下脚在外侧刃转换里侧的过程中衔接"更长"时间的平板过程，以防止立刃过早导致的内倒以及里腿承重（适用于初中级滑雪者）。

平行式转弯时容易出现的常见问题之一，也是人人都要克服的心理问题，就是我们无法真正把身体跟随新山下脚和雪板一起向山下直冲，尽管这是一个极其短暂的过程，仍然是难以克服的恐惧。身体位置倒向山上一侧，没有同步跟随新山下脚向前向山下移动，会使新山下脚雪板过早立刃，身体没有做出即时的跟随新山下腿移动，被超过去的雪板推着倒向了山上（下页图 ❶❷❸❹）。

身体跟随新山下板移动并保持在其上方

-130- 滑雪关键课

入弯时勇敢地向山下！跟随新山下板移动这是需要通过练习突破自我的一道门槛。这一段文字恐怕会让很多人摸不着头脑，我们接着往下看，关于引身方向。

4.引身方向

如果我们把时间暂时停留在弯与弯的衔接处，这时雪板处于斜向穿越滚落线（雪道），下一步我们的身体即将做引身去释放旧山下脚压力，引领雪板前行，逐渐建立新山下脚压力。那么问题来了，我面对的是广阔的雪道180度的开阔角，到底哪个方向是最高效的引身方向呢（图❺）？（这里我们只说处于中级阶段的滑雪者，高阶大神请随意）。

通常滑雪者都会跟随自己的身体本能去站起来，这里会出现两个常见的本能反应，也是常见的错误动作。

在准备引身转换时，身体处于向山上躺的姿态（此时应为自然的反弓姿态），通过向旧山下腿发蹬踹的力把身体推起来。这样发力确实把身体踹向了新山下脚，但那时它还是旧的山上脚，且发力方向并不是把我们推向新的转弯，而是更加倒向山上这一侧难以起来，这是非常错误的引身发力方式（下页图❶❷）。

由于想立刻减速调转方向，滑雪者会跟随身体本能向山下、向新弯圆心方向（下页图❸❹）去调转脑袋与肩膀，从而实现迅速不看山下，拽着身体与腿，拧着雪板立刻掉头减速。通常这种引身是一锤子买卖，身体在"原地"拧了一个方向后便"停止"了移动，然而脚却逐渐加速远离身体，结果就是身体倒向山上、严重落后于雪板。

雪板转向是需要一个短暂的过程的，拿脑袋和身体去带转不是不可以，但效率不高，还会在转弯后加速，对的，加速！而不是减速！因为你已失去对新山下板的控权。

面对180度的引身方向该何去何从？

蹬踹旧山下脚引身，会把身体推向山上

初级阶段，向新弯圆心方向引身

5. 高效的引身

在转弯的结束阶段，准备引身转换身体重心，这时旧山下板挡住了"立刻马上"要转弯的去路（下页图 ❶❷），需要我们跟随新的山下板，向新弯圆弧方向行进，逐渐"绕过"旧山下板，身体是要跟随新山下脚轨迹，直到新山下板快接近正朝滚落线（山下）（下页图 ❸）。

随后便是出现上下体分离的时刻，身体因为惯性继续向山下行进（下页图 ❹），而脚可以通过踝关节的微微旋转开启转弯（下页图 ❺）。

下面这张图估计会有滑雪者看过（下页图 ❻），标示着雪板的滑行轨迹以及身体重心的轨迹。从教学的角度我却认为这张图对初中级的滑雪人具有较大迷惑性。他们会直接地认为现水平阶段身体重心就应该在转换区穿越雪板，去到弯的里面去。但是如果你在脚下都站不住、踩不稳的情况下还按照完美的理论轨迹去照猫画虎，你一定会向山上倒并山上腿承重。

按照高效引身方向的方式我们重新来画一下这张图，身体重心的移动和脚下雪板的关系应该是这样的（下页图 ❼），这种方式才更适合初中级滑雪者！

学习是分阶段的，由简至难，在你做出完美的理论转弯之前，你先要跟随你脚下的雪板走一会儿！

6. 重心转换练习办法

关于转换区我们有众多练习办法可以选择，这里挑选几个比较实用的给大家讲解一下其练习重点及目的。

旧山下板挡住了转弯去路，雪板有长度不能跨越

身体跟随新山下板移动

a. 犁式分解转弯练习。有些时候回到犁式转弯去有目的地练习是非常有帮助的，很多滑雪者对于犁式似乎有些歧视，觉得那是初级才应该学的东西，然而当我们用犁式转弯的变体去专注于某个技术要点时，它真的能够在慢速下完成想要的练习目标。

用犁式转弯去分解转弯过程中的身体重心转换其实很简单，转弯与转弯之间要衔接一个犁式刹车回犁式直滑降。这个练习中我们需要用到的是基础"压转"式犁式转弯（技术要领详见《永远的犁式，一切的基础》P076-P089）。在连续压转犁式转弯中身体重心是要跟随左右腿做一定移动的，如何将其分解为练习身体重心转换的练习

雪板转弯路径　完美身体重心移动路径

雪板转弯路径　初级滑雪者身体重心移动路径

第五章　独立篇章

呢？

　　以一个犁式斜滑降出发，此时的身体重心应该在山下这一侧，想象一下，下一个转弯会有一个向你迎面滑来的自己，姿态是完全镜像的（图❶-❻）。中间的转换过程不可能跳过去，需要我们双脚前脚掌踏地将身体推起来，推向前方也就是引身。这时身体在旧山下脚这一侧，推起来时也是向山下这一侧斜着站起来，这个动作会引领雪板向山下，向滚落线方向移动。

　　关键要点：此时我们的身体要回正，面朝滚落线，做犁式直滑降，完全回到正朝

跨步转弯，身体要跟随跨出去的新山下脚移动

旧山下脚跟随时，保持身体姿态不能动

山下，如果此时速度较快，别着急转新弯，用犁式刹车先把速度降下来，然后收窄犁式板形，正确移动身体重心至新山下腿开启新的转弯，即以髋关节为折点将身体向雪板外侧移动。

这个练习需要在初级坡道练习，或者犁式刹车直冲可以控制速度的中级坡道。

练习目的：弯与弯之间衔接身体回正直滑，需要收窄犁式板形再开启新重心移动，收窄犁式板形是为了身体重心以最小的移动范围完成转换，宽而低的犁式板形会造成重心后坐、重心移动过大不稳定（详见犁式篇章 P061），而且过于弯曲的腿无法有效支撑住身体，造成入弯加速，失去对雪板初期的控制。

这个练习的动作换成平行式转弯同样适用，在平行转弯之间衔接足够的直滑降后再开启新的转弯，如果你觉得直滑降时候速度太快，可以先犁式刹车把速度减下来，再回到直滑降重新开始新的转弯。

身体要在弯与弯之间回正，才能更好地移动身体重心到另外一侧。我们不可能在转弯之间消失，然后突然显现在对面成为镜像的自己。仔细分析身体重心的移动，其实都是在不断向前向山下的，没有一刻停止过，即便你在刹车，在停止那一刻前你的身体依然在向山下移动。把你的思绪由留恋某个瞬间调整为放眼整个过程！

b. 半犁式跨小步转弯：又是一个犁式变体练习，关注点依然是我们的身体重心移动。

以平行式斜滑降出发，在将要转弯时向侧前横跨一小步，在跨步时身体要跟随跨出去的脚同步移动，跨步后旧山下脚跟步形成平行式斜滑降（图 ❶❷❸）。

需要注意的是：

第一，身体要跟随跨出的新山下脚同步移动。

第二，跨出的新山下脚落地落的是里侧刃，里侧刃落地，新的转弯就开始了，同时落过来的还有身体重量。

第三，要跨小步，步不能太大，关注点是身体重心跟随新山下脚同时移动，跨步太大意味着重心需要大幅移动，这给本练习增加了难度和不稳定性，会让滑雪者关注身体平衡大于重心的移动。

半犁式跨小步练习的变体可以把雪板贴雪面的跨步升级成小跳，小跳后立刻将旧山下板跟随形成平行式斜滑降，此练习要求滑雪者在转换过程中果断坚决地跨出那一小步，身体不要留恋旧的转弯，跟随新山下脚前行，小跳跟步对于平衡也是一个很好的练习。

c. 小碎步踏步转弯。这个练习比较经典，每一位滑雪者在学习过程中都应该尝试。通常这个练习也会被用来解决半犁式转弯过渡至平行式转弯时出现的"A"字板问题。

顾名思义，小碎步转弯是要将转弯分解成若干个小步完成。想象一下我们将上一个练习，跨步转弯练习分解成若干个非常小的跨步来完成。在转换时以山上脚（新山下脚）的板头为轴，将板尾旋开一点点，旧的山下板跟随，此时的身体重心要开始向新山下板一侧移动，旧山下板拿脚并落地时身体重心并没有落回，类似踮脚跟随（图 ❶—❼）。

多次重复上述微踏步，雪板将完成方向的改变。这个练习有一个需要着重强调的要点，身体重心要持续跟随新山下脚踏步，不要因为旧山下脚的踮脚跟步将身体重心重新移回。整个过程感觉像一个脚是重脚踏步，持续重脚；跟步的那只脚只是蜻蜓点水，轻踮过来即可！

练习的关注点依然是身体跟随新山下脚的持续移动，不能让脚跑了我没动！小碎步练习默认在初中级坡道练习，

连续跨小步转弯，身体要始终跟随跨出去的新山下脚移动

旧山下脚轻踮步跟随，保持身体重心在新山下脚

跨步后改变板头方向，身体跟随跨出去的脚，跨步后将另一只脚抬起斜滑

连续踏步的方向也是向山下，向新弯圆弧方向。

在滑雪成长过程中我们难免去挑战一些自己不能驾驭的陡坡，遇到那种腿都发抖的陡坡怎么办呢？小碎步转弯也可以派上用场，动作技术要领没有什么改变，需要调整的是，将向山下踏步改为向山坡上踏步，直到你的新山下脚雪板头改变了方向至山下偏向新弯，此时你便可以从容地直接开始下一个转弯并减速了。

d. 小跨步后单脚转弯。看到题目你应该对这个练习有了大致的了解。这个练习就是在跨步半犁式转弯基础上的一个难度升级，跨步部分的基本要领我们在之前的练习中讲过，关键在于跨步后抬旧山下脚跟随这个步骤。

值得注意的是，这里有不同的难度级别可以练习，关键点就在跨出的那一小步你是如何落地的，板头朝向在哪儿！如果跨步落地后板头正朝山下甚至已经改变方向至新转弯一侧，那么之后的抬旧山下脚跟随就会变得相对容易些，难度级别不大，因为你已在跨步这一刻直接改变了转弯方向，并不需要抬着单脚用单脚转弯（图 ❶❷❸❹）。

升级一个难度级别，跨步后雪板正朝滚落线（山下）一边抬脚一边转弯；再难一些的话跨步后雪板依然处于上一个转弯的微角度，新山下脚要一边换刃（山上脚外侧刃、平板、新山下脚内刃）一边抬单脚转弯。

e. 人板合一。这个练习我们在髋关节篇章有所提及，在解决身体重心转换的篇章里，这个练习的主要关注点为身体跟上雪板共同行进。

重新描述一下这个练习动作，建议练习时不拿雪杖。转换区我们准备开启一个新的转弯，在踩新山下腿引身时，将山上这一侧的手臂（新山下侧）夹紧贴住身体侧面，手心贴紧大腿侧面，让整个山上这一半身体在外侧以完全竖直姿态向前进入直滑（下页图 ❶❷❸❹❺），脚下的雪板会从原有的山上腿外侧刃逐渐趴平板，平板直滑一小

入弯时身体跟随新山下脚，外侧手臂紧贴身体与外侧腿呈竖直状进入直滑

段后脚踝向内侧微翻转，雪板变换为里侧刃开启一个新的转弯。由于身体已经与新山下脚同步竖直状态移动至山下这一侧，此时以这一侧的髋关节为折点直接将身体折向山下一侧便可增加山下脚压力。

身体竖直跟着脚向山下冲需要勇气，多尝试才可以做到。

如果你觉得平行式滑行做这个练习动作有困难，我们可以在缓坡适当降低难度，用犁式辅助来完成身体竖直跟上新山下腿的"人板合一"动作。

同样动作将旧有的山下腿成犁式状态辅助平衡，直到身体跟新的山下腿外侧为一条直线，踩脚的里侧开启转弯，开启转弯后将辅助的旧山下腿跟随进入平行斜滑降。

这是一个很好的练习，用手臂去做标尺，让身体与新山下脚做同步，防止身体在转弯的很初期就因为对直冲速度的恐惧倒向山上，当你以一个倾斜的倒山姿态进入转弯时，再想做身体的外侧平衡（反弓）就只能靠那灵活的腰椎了。

f. 迈脚冲坡。看到这个题目估计会有人吐槽，什么教练啊，叫我们冲坡，多危险啊！请先往后看，在入弯、弯中的两个过程，需要突破两个心理防线。

第一是勇敢地向前移动身体面向山下。

第二接着向前跟随雪板向前向山下转弯的移动方向。

如同我们平时走路，说到走路估计你都没认真想过自己到底动了哪里，怎么完成的。抬起一只脚向前迈去，身体跟随迈出去的脚向前推进，脚落地，腿部肌肉绷紧，腿挺直以骨骼立柱形态支撑住跟随过来的身体重心。

滑雪又何尝不是身体跟随脚呢！而且是始终跟随直至下一个转弯。你不动都会被

身体跟随新山下脚
直冲感受身体时刻
跟上雪板

❶
❷
❸
❹
❺

脚落在后面，更何况还往后"躺"。

我们以斜滑降出发准备转换，此时山上那只脚将要成为新山下脚，也就是我们走路将要迈出去的那只脚。如果是走路，是不是我们的身体要跟着这只迈出去的脚走？那么滑雪也是一样，身体要跟随新山下脚同步移动。

将新山下脚向前做一个类似滑步的移动，模拟走路向前迈脚，身体要同步跟随做到脚动我动，你去哪我跟随。随后腿要逐步向下发力，脚向雪面踏地，"蹬直"腿（膝盖不是完全直立，有一定生理弯曲），以骨骼立柱形态支撑住身体（图 ❶❷❸❹❺）。

好了，当完成这一步后我们将要开启本练习所说的迈步冲坡，身体驾着脚下的雪板，以直立腿骨骼支撑的状态同步移动。脚下的雪板刃变化是：外侧边逐渐趴平放平板，注意这里要把放平板直冲的过程拉得长一些，拉到你可以接受且不害怕的时长，然后用脚踝做翻转内刃的动作开启转弯，此时的身体依然再其上方。你会发现这个弯转的虽然又长又快又刺激，但是全程可控，脚下没有打滑的感觉，那是因为你的身体跟上脚了，它没有被落下，与雪板的行进方向是同向的。

此练习需要先在缓坡尝试，然后逐渐向较为陡的坡道突破，有时突破就在那一瞬间，当你真正感觉到全程跟随雪板移动时，才真正开启了滑雪的又一乐趣：控制！

7. 重心转换的重要性

重心的转换在整个滑雪过程中至关重要，几乎所有的重心落后都来自于这个时段。有可能你会说，我会了，我能做到。但在不断提高的速度下，你是否还可以准确地做到身体跟上脚？看似简单，要达到人板合一的境界是需要不断练习的，乃至贯穿你整个滑雪生涯。好了，祝你早日人板合一。

难以跨越的小"A"板形

这是一个几乎所有滑雪人都会经历的滑雪技术过渡阶段,如果不加以重视便会困扰你很久,乃至你不敢看自己的滑雪视频。

A字板形是因为身体重心在弯与弯之间的转换时不能及时跟随新的山下脚移动,造成旧山下脚被滞留的身体重量压住无法跟随新山下脚同步移动;待新山下脚"站稳"后身体随即跟随,身体重量移走旧山下脚移动(图❶❷❸❹❺),这更像是一个小型的半犁式分解动作出现在每一个转弯的衔接处。

A字板出现时机主要在入弯转换身体重心时新山下脚先是"试探"移动

随后身体重心移动

最后旧山下脚跟随

在半犁式找问题

由半犁式过渡到平行式转弯时,我们比较习惯地在转换阶段打开犁式板形让新山下板调转方向先开始入弯,随后我们的身体在从旧山下脚上移走,直到身体重量跟随新山下板完全移走后,旧山下脚才得以动弹,这就是"A"字板的初期成因,犁式阶段没有正确地学习而产生的后遗症(关于半犁式请参阅第四章"永远的犁式")。

想要去掉这个转换重心的习惯也不那么容易!

需要滑雪者从半犁式阶段过渡平行式时开始有意识地注意这个问题,后期就不会有"A"字板的困扰。

如何做呢?主要通过逐渐缩小在入弯阶段的犁式板形来控制入弯,大犁式板形缩小至小犁式板形入弯,直至平行式板形入弯,这个过程中速度是逐渐加快的,需要逐

渐适应，循序渐进，切勿心急！过快地想要进入平时式转弯还会带来用身体带转的"Z"字形弯形，"A"字板没解决又养成新的坏习惯，得不偿失，有耐心的练习是非常必要的！

改正问题时的寂寞

如果你在学习滑雪的过程中，特别是在半犁式阶段没有遇到良师益友却被拉着过快地进入到了平行式，那么身体带转、A字板形一定会伴随你在这个阶段很长一段时间。想要解决这个顽固难题也不是什么难事，但要求你静下心来，有耐心地在缓坡练习一段时间，避开你那些"跑山"的雪友，他们绝对是你进阶路上的绊脚石！

下决心练习

改正A字板问题需要调整你的入弯习惯，然而要彻底改变一个习惯是需要时间的，比较容易中途放弃。不过作为一个滑雪人最可贵的就是每个冬天那份乐此不疲的精神，相信你一定能调整过来！

几个练习专门针对转换时开A字板

练习一，回直滑降后再开启新弯。看练习题目似乎这个练习没什么难度，但正是这么简单的一个回直滑步骤会"吓"退很多滑雪者。回直滑降意味着正朝滚落线（山下）直冲，回想一下你在弯与弯之间有没有这个过程，是不是还没等雪板刃逐渐变换就想调转脑袋转弯减速了？身体并没有跟随新山下板向前向山下，当你掉头想减速那一刻，雪板已经超越你来到了你的下方，也就是新山下腿，由于向心力的驱使，它会把你的身体推向山上这一侧，也就是我们的经常说的里倒、倒山，处于这种状态的你想要再反弓做外侧平衡几乎不可能了，然后就会动用腰去拉身体的外倾，于是产生了腰反弓。这是一个连锁反应，所以还是练练正确的吧！

在练习弯与弯之间的衔接之前，我们先从直滑降出发开启一个转弯，不管是左转或是右转，从直滑降出发就不会有"A"字板问题。那么我们把两个转弯之间衔接一个直滑降是不是就可以非常简单地解决顽固难题"A"字板！唯一要解决的是心理问题，对于面向山下直冲的恐惧问题，这个其实也不难，找一个缓坡，缓到你直冲都不怕的坡去开始练习这个衔接直滑降滑行。

引身方向 – 新山下板板头里侧刃方向

① ②

初级阶段的滑雪者不要向新弯圆心方向斜着引身

③ ④

让我们把思绪放回至一个弯的结束，新弯的开始阶段，此时我们处于斜滑降，斜向穿越滚落线（雪道），下一个动作是我们比较熟悉的引身（这里主要针对中级阶段的滑雪者，大神请随意），身体形态处于反弓形，重量压在了旧山下脚一侧，引身方向应该沿着新山下板的板头内侧刃方向，向新弯圆弧做引身。（图❶❷）这里还是要多唠叨两句，为什么不向旧山下板做引身，我们要解决的是"A"字板问题，如果你在转换时向旧山下板，不管是前固定器方向，还是板头方向，或是直接向旧山下脚雪鞋侧做引身，这只旧山下脚都会被移过来的重量压住，无法动弹，无法同步跟随新山下板移动，（图❸❹）而新山下板一开始新弯，旧的山下板不动就形成了"A"字板。

如果我们在引身时能够主动且同步地跟随新山下脚移动，便能够解决上述问题，特别要注意的是：身体的移动方向一定是新山下板板头内侧刃方向，而不是外侧刃方向，别小看这个微小的距离差只有板头那十几厘米，结果却是完全不同的！

如果身体跟随新山下板的外侧刃方向移动，是无法引领雪板改变方向至新弯的。

跟随新山下板板头内侧刃方向移动身体，新山下板会在身体的引领下逐渐向山下移动，由原有的外侧刃逐渐趴平板回归直滑。这时要特别注意，身体引领雪板改变方向后，不要停留，动态的与雪板同步移动，调整身体位置至其正上方回到直滑降；继续移动身体向弯的外侧、山下一侧（以山下这一侧的髋关节为折点），至此新山下板已完成外侧刃－平板－内侧的刃的转换，身体也已经移动至新山下腿的外侧做反向平衡。估计看完这段文字你可能要疯了，简单的一个转弯后回直滑降怎么就这么复杂？确实有些在运动中很简单的示范就能解决的东西换成文字就得写一大段，简化流程如下：

A 新山下板板头内侧刃方向做引身；

B 有耐心地等待一段时间；

B 过程中新山下板被引领向山下一侧回直滑降，板刃由外侧刃逐渐趴平回直滑；

B 身体做出向新山下板移动跟随，不做停留继续横向移动至其正上方，身体外侧面与新山下腿外侧面竖直；

C 回到直滑后，新山下脚脚踝翻转，雪板立内侧刃开启新转弯；

C 身体以山下髋关节为折点，折向山下一侧做反向平衡并增大山下板压力。

还得叮嘱几句，出现 A 字板的时机主要是你在转换区身体向新弯圆心方向斜着做了引身（上页图❸❹），这种引身伴随着新山下板打开小犁式，脚踏地推着身体向山下，旧有山下板支撑身体的倾斜不倒，因此受压无法动弹。解决办法需要改变你的引身方向去新弯圆弧方向，新山下板板头里侧刃方向，且有耐心地等待雪板带着你回到直滑降后再开启新的转弯。

练习二，交错步转弯，这是一个可以有多种变换方式的经典练习，滑行中在转换区既可以做踏小步转弯，前后交错滑小步转弯，分解半犁式踏小步转弯等。其练习目的都是为了逐渐转换身体重心至新山下腿，让雪板的换刃有个过程，而不是立刻马上调转方向。

在交错步转弯练习时，旧山下板也可以通过小步跟随的方式及时跟上新山下板，不至于出现比较明显的"一步"式、跨犁式开板尾 A 字板转弯。

连续跨小步转弯，身体要始终跟随跨出去的新山下脚移动

旧山下脚轻垫步跟随，保持身体重心在新山下脚

第五章 独立篇章 -143

陡坡做跨步练习可以向山坡上面跨小步以减缓速度

先从比较简单且实用性强的分解半犁式踏小步转弯练习入手。将入弯时一次性打开板尾分成若干个小半犁式，身体在动态下逐步跟随新山下板移动，旧山下脚踮脚跟随，什么叫踮脚跟随？意思是身体重心跟随新山下脚移动一小步后，一直保持在其上方；旧山下脚跟随落地后身体重量并不回落。依次踏小步直至雪板改变方向开启新转弯（上页图❶-❼）。

这个练习既可以在缓坡完成，又可以在陡坡完成。相信每个滑雪人都曾闯入过不适合自己水平的雪道，面对陡坡不知所措。学会这个练习也能够让你从容面对陡坡。

技术动作如下：在陡坡首先要横向于雪道做缓慢的"斜滑降"，准确地说是横向滑。在入弯转换时将山上一侧的雪板（新山下板）向山上打开板尾并跨小步（图❶-❼），跨步后踩直腿将身体顶起，顺势将旧有山下脚踮脚跟随一小步，重复这个步骤三到四步便能够缓慢改变板头方向至新弯，且身体重心完成新山下板的转移从而开启下一个横向"斜滑降"。

有可能你会问，那为什么不直接用犁式转呢？在陡坡因为恐惧，人会本能的后坐，陡坡推开犁式极为难以控制直滑刹车，在惧怕直冲的情况下，陡坡犁式直接会劈大双腿且严重后坐，最终会因为犁式刹车力气不足，腿疯狂抖动直至摔倒。

通过向山上跨小步半犁式的方式能够良好地控制转换过程中的下滑速度，同时还能逐渐转换身体重心至新山下脚、改变板头方向。

在缓坡，还是这个练习，跨小步的方式可以不用像陡坡那样向山上打开小犁式，逐渐向山下新弯圆弧方向打开小板尾跨小步。在向山下移动过程中完成小步跟随，要注意的是小步移动，雪板不要抬离雪面太高，身体跟随新山下板移动后保持重心在其上方，旧山下板蹬步跟随，身体重心继续跟新山下脚跨出下一小步。整个过程需要滑雪者尽量保持身体的稳定，特别是手臂不要乱挥舞找平衡，像走路一样去对待此练习，从缓坡练起！

分解半犁式小跨步练习虽然从板形上依旧是小 A 字板，但其目的是身体即时跟随新山下板移动，释放原有山下板并跟随。对比 A 字板的成因："新山下板移动，身体重心滞留在旧山下板未能即时跟随"，解决了身体与新山下板同步移动的问题。通过不断练习，将小跨步的步幅逐渐缩小，不久你便能够开启平行且不开 A 字板尾的转弯了。

交错步转弯练习还有两个练习也比较实用，前后"锉步"在雪面上滑动转弯、"原地踏步"走路转弯。这两个练习需要在上面一个练习熟练后开始尝试。

在练习过程中要保持转弯的连贯性，因此一个坡度较缓且宽的雪道是必要的。与分解半犁式踏小步转弯练习不同的是，这两种交错步需要滑雪者在整个弯的过程中连续做滑步或踏步动作，而不只是在交换区。这样做的好处是让双板同步行进，不在弯的任何一个阶段谁把谁落下，同时对于身体的动态平衡也是一个考验。

具体练习要点如下：首先采取一个相对较高的站姿，原地

前后交错步

踏步

尝试一下前后滑动雪板（上页图❶❷❸），原地踏步式抬起雪板（上页图❹❺❻）。我们将分别尝试在转弯及滑行过程中持续保持这两种连续动作（图❶-⓰）。

如果按照难度等级区分这两种不同的交错步练习，踏步式相对容易些，要注意的是踏步不要抬腿太高，稍离雪面就好；前后滑动"锉步"比较难，主要动用小腿及脚踝肌肉群，属于小肌群。需要注意的是，前后滑动小腿时，只动腿，身体以及胯部不能扭动，这个练习看似简单，实则需要很多的控制才能够完成得比较好。

在缓坡甚至很平的连接道练习是非常好的选择，每个雪场都有那种又平又长又无聊的"废连接道"，很熟悉是吧，每次滑到这里都想吐槽为啥要设计这样的雪道，现在明白了吧，专门给练习设计的。这些平平宽宽的雪道千万别浪费，是最好的练习场地。

练习三，收力收短旧山下腿转弯、踩新山下脚、旧山下脚收力后有"踢毽子"的小动作（图 ❶❷❸）。此练习还能够顺便打开山上腿膝盖，可谓一举多得。看上面文字这个练习似乎复杂得一塌糊涂，其实如果你将练习一、练习二做熟练后这个练习就顺理成章了。

滑雪者在自己的滑行过程中往往会忽视动作细节，多个细节累加丢失后滑行姿态就不会有多么好看了！

以斜滑降出发，接下来的一连串动作几乎是同时完成的，所以对控制要求较高，斜滑降出发时首先不能太快，先横向穿越雪道控制速度是比较好的选择，在准备转换时适当把挺着雪板刃的脚踝力量放松、向山下一侧微微旋转，雪板头会因脚踝动作顺向山下，雪板开始逐渐改变方向，速度也随之加快；进入到双脚切换力量承重阶段，旧山下脚向上收膝将原有的支撑撤掉，新山下脚（此时仍为山上一侧脚）迅速接替支撑身体的任务，向雪面发力踩，身体会有向上被顶起的感觉；收掉的旧山下脚并不是收力就完事儿了，还需要收力后翻转脚踝做一个类踢毽子的脚踝翻转控制动作（脚心

去靠近支撑腿的脚踝处），当你这样做了以后你会发现膝盖自然处于向外侧打开状态，不会 K 腿。最后抬着单脚入弯，山上脚虽抬起但有控制要求（上页图 ❹）。

🎿 手臂、肩膀与腰胯的奇妙关系

滑雪时的手臂

这是一个有意思的篇章，很多错误动作其实是手臂形态造成，听起来有些不可思议！滑雪么，用腿的，跟手臂有什么关系？

我们要从人体的整体来看待滑雪动作，任何一个部位的不协调都会带来身体重心的变化，往往这些微弱的变化会造成接下来的一连串反应，从而导致你离大神越来越远，越滑越"妖娆"。腰反弓、重心落后、撅臀部翻臀部，这些问题前面的篇章都有提及，本章节我们从手臂、肩膀、腰这个特殊的视角出发，专门分析一下由于手臂带来的问题。

在经过大量的前端教学发现手臂的姿态在滑行过程中对于整体的稳定起到非常关键的作用，很多不知原因的错误其实是因手臂而起，且手臂的形态只能通过强化训练手臂位置来固定，别无他法。不像腿部形态，腿部形态的不正确往往通过修改髋关节以及身体重心的摆放位置就可以修正。

接下来我们就从几个不同的滑行阶段来分析手臂常见的问题。

妙手回春

1. 从基本站姿出发。滑雪者对于脚踝、膝盖、髋关节的关注远远大于手臂形态。而一个松懈的手臂形态直接会影响到身体重心的前后位置（下页图 ❶❷）。

基本站姿对于手的姿态是这样描述的：双手自然抬起位于身体前侧。这个描述需要加一些位置的限定词，主要是手肘部分需要向前超过躯干，当手肘位于身体两侧时（下页图 ❸），特别是同时加上挺胸动作，肩膀便处于后阔状态（下页图 ❹）。这样的肩部姿态非常容易造成引身转换时身体后仰、重心落后。而且手肘位于身体的两侧会呈现直角形态，个人认为没有圆弧的美丽（只代表个人审美）。

滑雪时时刻保持手臂的前伸是不容易的，需要滑雪者从学习之初就要养成良好的手臂位置习惯，如果后期再去调整会很艰难。

2. 雪杖的尺子功能。那如何保持一个良好的手臂位置呢？雪杖是一个非常好的工具。雪杖就像猫的胡子，猫用胡子来测量自己的身体是否能钻过适当的洞口；我们的雪杖可以测量滑行时站姿的高低（图❺❻）。

一定要采用适合的雪杖长度，雪杖的长度会随着滑雪水平的提高逐渐缩短。

手肘紧贴躯干两侧
容易使身体落后

手肘紧贴躯干两侧此时
挺胸，使得肩膀落后

3. 如何选择雪杖长度。不穿雪鞋手持雪杖正常站立（图❼❽），雪杖垂直地面，小臂与大臂接近90度角，这个雪杖长度应该是你开始学习滑雪的初始雪杖使用长度，后面我们会讲到过长的雪杖和过短的雪杖对于滑行会有什么样的影响。

4. 如何保持一个良好的手臂位置。双手持杖位于身体两侧自然抬起，保持滑雪中高站姿，雪杖呈八字，杖头向后且拖在雪面上。尝试在整个滑行过程中都保持双杖头拖地

（图❶❷❸）。这里要注意的是，手臂姿态完全松懈的下垂也可以导致杖头拖地，这完全是对自己的优美姿态不负责任的行为！需要滑雪者保持脚踝、膝盖、髋关节微屈的基础上，手臂自然抬起且杖尖拖地，如果杖尖无法触及雪面，说明你可能端起了肩膀，或者各关节的折叠不够（图❹）。

5. 转换时的常见手臂上扬。在弯与弯之间的转换区往往我们保持不住雪杖位置，会因为引身动作将手臂与肩膀顺势上抬（图❺❻），通常还伴有展开髋关节的折叠向前挺髋的动作。这两个动作会直接导致身体重心上移、后移，如果在高速情况下还会增加身体的风阻也会导致重心落后！

6. 双杖拖地练习。这是一个能够有效帮助滑雪者保持滑雪基本站姿，保持手臂形态的经典练习。在整个滑行过程中双杖尖始终要拖在雪面上。想要保持双杖尖拖在雪上不仅需要手臂与手腕的控制，更多的是保持髋关节的有效折叠，用伸直手臂向下够的动作去完成杖尖拖地是不可取的（下页图❷）。如果你在练习初期不能完成对双手的控制，可以先把注意力集中在新山下手这一侧的雪杖尖拖地上，当完全可以控制了山下这一侧的手臂与雪杖后再增加难度做双杖尖拖地练习。

特别注意：良好的手臂姿态能够为后续的点杖打下基础，使得点杖简单到只是微抬起小臂、扬起手腕然后把雪杖放下去杖头落地！滑到高阶你才注意到手臂的重要性时为时已晚，改掉一个

双杖尖拖地练习

起身转换时抬起手臂与肩膀完全展开髋关节，会造成身体落后

不良习惯是非常痛苦的，往往会在中途放弃掉。因此要在滑雪的最初期就开始注意并养成正确的手臂摆放姿态。

雪杖的长度

借着上面章节关于雪杖长度的话题，我们来讲一下过长或者过短的雪杖会带来什么样的错误动作。雪杖的使用在滑雪过程中主要是控制转弯节奏的作用，也就是滑雪人比较熟悉的点杖。

过长的雪杖。当使用过长的雪杖进行点杖滑行时，由于雪杖长度过长，手臂向上提起的行程必然会加长，然而点杖的时机往往是一瞬间，因此会错过点杖时机，导致滑行节奏不好。

使用长雪杖的另外一个后果是在点杖那一刻，山下一侧的肩膀会因为雪杖过长而被动向上抬，山下肩上抬意味着身体轻微向山上这一侧倾斜，这个动作看上去不疼不痒，但在连续高速滑行中会严重影响身体重心跟随雪板，每一个弯的轻微落后叠加在一起结果是滑着滑着就起飞了，控制不了雪板的越来越快（图❸）。

过短的雪杖。当使用过短的雪杖进行点杖滑行时，因雪杖过短身体会更多地向山下一侧折叠，雪杖尖才能触及雪面（图❹）。可能你会说：这不是挺好的么，正好加大反弓！

❶ 折叠髋关节保持杖尖拖在地上　　❷ 靠伸直手臂将杖尖拖在地上　　❸ 使用过长的雪杖会影响滑行中的平衡　　❹ 使用过短的雪杖会造成反弓过度，反而减小立刃角度

① 正确地折叠髋关节并点杖

② 夹紧腋窝，手肘靠近腰部人体会处于扭曲状

什么事情过多或者过少都不是恰当的！当你用短雪杖"够着"点杖的时候，实际上出现了"为了反弓而反弓"（详见"反弓"P008）。身体被手臂带着向山下更远处点杖，会将本来立好的板刃，因此动作而减低立刃。当然我们这里说的是处于初中级水平滑雪者的常见问题，如果你是个高阶的滑雪者，滑雪站姿开始逐渐降低，我反而会推荐你用短的雪杖，从而不会在高速下受到上面所说的因雪杖过长而出现的对身体重心的影响。

初中级滑雪者使用短雪杖还会出现另外一个问题，那就是腰反弓，同时还伴有夹腋窝。中级阶段的滑雪者开始练习点杖来控制转弯节奏，这时候往往还不能把注意力完全集中在点杖这个技术动作上，会因为对雪板操控的不熟练以及山下板平衡等问题分散一部分注意力。如果再加上使用了过短的雪杖，便会在点杖时出现忙乱。

当你使用过短的雪杖，且此时的滑雪姿态为中高站姿（因其无法做到低站姿，别问为什么做不到，因为水平不够。即便是做到了，你认为的低站姿，实际上是以坐臀部为代价的），常规的点杖动作是无法使雪杖尖触及雪面的。正确的身体调节反应是弯曲折叠髋关节与膝关节从而让杖尖触及雪面完成点杖。但通常此阶段的滑雪者无法做到上述反应，强行用短雪杖让杖尖触地，人体的代偿机制是非常厉害的，滑雪者会用腰椎的侧弯代偿髋关节折叠实现降低手臂与雪杖的目的；腰的侧弯还会让手肘靠近腰部，腋窝也会夹住，我给这个动作起了个非常有讽刺意味的称呼"腋窝反弓"（图②）。说了这么多，归根结底还是要在正确的时段学习此阶段应该学习的技术，使用正确的器材，勿盲目地模仿大神！

入弯阶段肩膀与手臂落后

身体重心落后、转臀部、腰部反弓（下页图①②③）。你没有看错，上面这些滑雪常见问题都是因为一个小小的手臂与肩膀的落后引发的一连串结果。

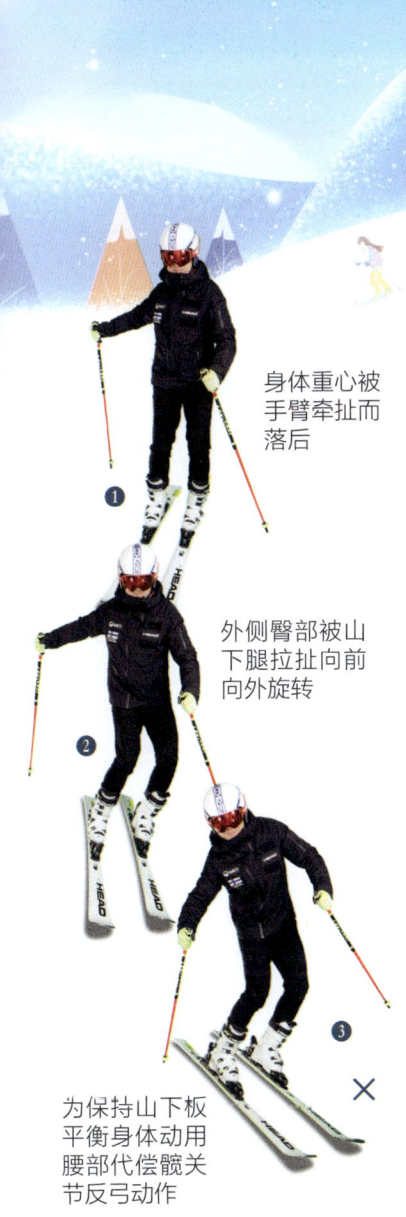

身体重心被手臂牵扯而落后 ❶

外侧臀部被山下腿拉扯向前向外旋转 ❷

为保持山下板平衡身体动用腰部代偿髋关节反弓动作 ❸

三阶台阶

前面我说过，要以动态思维来看待整个滑雪过程。在入弯阶段，整个山上这一侧的一半身体将要向前、向山下新弯圆弧方向做高处去低处的移动。文字叙述有点复杂，那我们简单地用三级台阶压缩形容整个转换过程，在家你也可以尝试一下。

斜向站在两级台阶上，最下面要留一级台阶标示着下一个转弯。首先我们要将最上面一级台阶的一半身体和腿向前向下迈向中间一级台阶，也就是与旧山下脚处于同一平台（图 ❹❺❻），这个过程等同于入弯时身体跟随新山下脚逐渐沿着雪板滑行曲面向山下；完成这一步骤后，继续向下迈脚踩向最下面一级台阶并改变身体朝向，当然迈脚这一半的身体始终要跟随脚，这个过程相当于新山下脚开始立刃、转腿开启新的转弯。讲这些跟本章节的内容有什么关系呢？

回看一下整个过程，是不是强调身体要始终跟上迈向下一级台阶的脚？之所以用三级台阶来做比喻，是为了在家能够模拟整个转换过程。

手臂、肩膀的滞留与反拧

我们再重新做一下这个模拟转弯。如果你的雪杖恰好在家，也请拿上一起。在转换阶段，最上面一级台阶的脚也就是新山下

❹

❺ ✓

❻

新山下腿向前移动，迈向下一级台阶与旧山下腿同一平台回直滑降身体应同步跟随

第五章 独立篇章

脚,将要迈向中间一级台阶,如果在这个步骤你的手臂及雪杖没有主动跟随脚同步移动,就会牵动这一侧的肩膀"滞留"在原有一级台阶的位置上,相对于迈向中间那级台阶的脚就是落后的(图❶❷❸)。这就出现了本章节标题中的问题:入弯阶段肩膀与手臂落后。

从动态且整体的视角看待滑行过程中的人体,此时腿在向山下以及新弯方向移动,而肩膀滞留相对落后。腿牵扯着这一侧的髋向前,肩膀向后,那么此时反馈到人体就会在腰椎那里呈现"拧毛巾"状的脊柱旋转(图❹❺)。

一步落后,步步落后,下一个环节转新弯,新山下腿继续迈向第三级台阶,身体和肩膀也会持续落后。对比一下在滑雪转弯时你脚下雪板的感觉,应该是山下板的压力不足,因为身体没有即时跟上新山下板所致。你自己很清楚此时该增大山下板压力才对,该如何是好呢?增大反弓,也就是身体向山下折。不得不佩服我们人体这台精密的自动"平衡仪",增大反弓是个好办法,不过此时我们的山下髋关节被腿拉着向前处于前挺状态(图❻),这个状态下的髋关节是无法折叠的,故只能用腰的侧向弯曲来代偿。此时的腰既处于拧毛巾的旋转状态,又处于侧向弯曲的代偿反弓状态,你说有多扭曲!

脚向前移动时外侧肩膀落后

因肩膀落后造成髋部被腿牵扯向前向外侧翻转

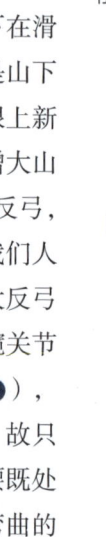

只能改手,别无他法

解决手臂的问题没有特别好的方法,只有专注于手的动作并加以控制。如果你有入弯手臂和肩膀落后的问题,有一个练习能够较好地改正这个不好的习惯。

双侧肩膀均出现落后情况,那这个练习则不需要使用雪杖,在入弯时将新山下这一侧的手扶向对侧的肩膀(图❶),需要注意的是,做这个练习时只需要手扶向对侧的肩膀即可,不做夸张且用力的动作,因为那样会引起上体的旋转从而影响重心;另外一只手自然手臂基本姿态,应避免出现向后伸(图❷),会导致肩带转,身体重心落向山上一侧。

单侧肩膀落后问题可以用同样练习办法进行单边训练。没有问题的一侧手持杖,释放有问题的手,在这一侧转弯时将手臂放置于对侧肩膀(图❸❹❺),需要注意的是,完成入弯后,将扶着肩膀的手臂回到正常姿态,不应影响另外一侧的转弯。建议在练习过程中尽量地采用中级平行转弯,且控制速度,拉长斜向穿越雪道的距离(当然要在注意安全的基础上),给予自己足够的时间去专注手臂动作的调整。

养成一个不良习惯往往在不经意间,而改正一个坏毛病则需要很长时间,还需要相当的毅力。

第五章 独立篇章-155

连筋儿不是你的错

这也是一个容易被忽略的因双手臂互相影响而出现的常见问题，为什么要说这个呢，自然有实际案例的支撑。

提到连筋儿可能有些人会没有概念，或者根本不知道这个词是什么意思，举个简单的例子，有些人的手可以做出一些手指的动作而有人些则不能（图 ❶）。

回想一下你在滑雪过程中，开始练习雪板刃的时候特别是山上脚外侧刃，或者在加大幅度和立刃角度时，有没有歪头杀、咬牙、歪嘴、翘手指等奇怪的动作。有可能你都没有意识到你的这些奇葩反应。这里我们着重说双手的"连筋"问题。

山下手臂挥动，山上手臂向后联动

造成下一个转弯外侧肩膀落后

在转弯的过程中滑雪者有时会挥舞手臂去协助身体重心跟上脚、辅助身体向雪板施加压力，这里说的是新山下一侧的手臂。然而在手的挥动过程中会联动的影响山上一侧的另一只手臂，山上一侧的手臂会向后拉，做扩胸动作（图 ❷）。这个动作虽然对当前这个转弯看似没有特别大的影响，除了美观度上，但对于下一个连续转弯的影响是非常关键的！

转弯时出现新山下这一侧的手臂与肩膀始终存在落后的问题时（图 ❸❹），怎么修改也无法调整过来！滑雪者甚至一些滑雪指导员通常会专注于已经出现问题的那个时间点去修改问题。可是你有没有想过，这个问题在上一个弯的时候就埋下了祸根。

让我们回到上一个转弯去看一下，此时处于山上这一侧的手臂因山下手臂的挥动而产生"连筋"动作，造成其向后扩。在其进入下一个转弯时，马上要转换为新山下一侧的手臂，由于其在弯启动时已经落后，新山下脚会领先一步出发，造成其更加落后。这是一个连锁反应，最终会出现上面章节的常见错误，转臀、腰反弓、外侧肩膀落后。

像我之前说的，手臂的动作只能通过控制手臂来修改，没有很好的练习办法。尝试在滑行过程中把注意力全部集中在手臂的控制上，控制山下手臂与山上手臂尽量独立运转，避免联动。当然用中级平行转弯是个比较好的选择，因为不用分神去控制腿、脚以及身体。

发力下压时手臂对重心的影响

手臂的动作在滑行过程中虽不占主导，但通过挥舞手臂模拟下压动作却能极大地满足滑雪人爱表现的内心。在这种自嗨的滑行中，动态的挥舞手臂会严重影响转弯的整体性和连贯性。夸张地挥手下压还会造成身体向弯内错误的移动，违背了人体在滑行过程中整体的运动趋势。

回看自己的滑雪视频，你有没有看到这样一个熟悉的身影，在发力下压的一瞬间，手向山下一侧尽力的伸远（图❶），伸远后还向回拉，感觉用手臂带了一下身体，不然就借不到力去换下一个转弯。那时候感觉老好了，有没有？但看视频怎么就有点说不出的别扭呢？与大神的滑行哪里有些不一样呢？

手伸向远处，肩膀却向后躲闪
仿佛触碰到隐形到墙壁

这是一种很奇妙的现象，如果你在滑行过程中把山下一侧的手伸向远方，手伸得越"远"你的肩膀反而会向反方向躲闪，也就是向山上一侧躲避，仿佛手触到了一堵隐形的墙，把你推回到山上一侧。

手臂辅助下压动作会引发两种错误姿态：

一种是上面说的身体向里（山上）倒。

另一种是腰反弓同时伴有歪头杀（图❷）。这种错误姿态是由于滑雪者想要用手臂向下的动作去完成对雪板的施压，然而只是将手向雪面伸，肩膀向下沉。这两个动作会直接导致腰椎的侧向产生弯曲，从形态上看很像反弓动作，而正确的反弓动作应该是山

歪头杀，撅臀部

下一侧的髋关节做折叠使得身体向下。

其实对雪板刃的加压完全可以靠自身体重通过髋关节向下传导至脚来完成，手臂的动作不是必需的。即便你想或者习惯性用手去辅助下压，那么整个手臂的运动趋势应该是向下向前，且需要动态随雪板的运动方向，而不是在一个点发了一个向下的力量就不管了！再次强调动态地去看待滑雪动作！

关于手臂下压的习惯性问题，给大家两个练习：

第一种练习实际上是限制手臂在下压时候的动作，找一根没有弹力的短绳子，双手握持两端后的长度不应宽于你的脑袋，在滑行过程中，双手拽紧绳子位于身体前侧（手肘应超过身体侧面，图❶）。整个滑行特别是在加压时，依旧保持双手拽紧状态，这样可以牵制想要伸向远方去"秀"一下的手臂，同时也有助于核心肌群的收紧。

第二个练习，不拿雪杖，在转弯时将新山下这一侧的手掌扶大腿中段侧面（图❷），需要注意的是手的动作，将手掌横过来（仔细看图中的动作，很容易在练习过程中走样）手掌心贴实山下腿大腿的侧面，注意，手掌心是贴实！你也可以原地尝试一下，这个动作可以帮助你有效地折叠髋关节，而不是侧弯腰；也可以限制你手臂胡乱加压挥舞，可谓一举两得。

仔细看下图，都是一些做这个动作时的"偷懒"手部动作（竖着的手，扶腰胯的手，手掌心没有贴实的手，下页图❸❹）。

❶ 手持短绳子并拉紧

❷ 手掌横过来贴实大腿侧面

❸❹ 手部"偷懒"动作不能将身体有效折叠至山下一侧

还需要注意的是另外一只手臂，其形态应该是正常的手臂姿态及位置（图❶），不应出现山上这一侧的手臂与肩膀向后伸（图❷），如果你实在控制不了这只手，那可以将其扶向对侧的肩膀（图❸），或者盖在扶大腿侧面的手的上面（图❹）。

以上两个练习在本章节主要目的是限制手臂的运动，向雪板施加的压力主要来于身体的自重以及肌肉力量，手臂的质量只是一小部分，手臂的乱挥舞会严重影响高速运动中的身体重心。在你能够准确地将身体重量施加到雪板刃之前，还是稳定住你的胳膊比较好，这是很中肯的建议！别看着大神的滑行学滑雪，会养成你以为正确的各种毛病！

基本站姿：站距

滑雪基本站姿是在学习滑雪的第一节课就会被反复强调的知识点，即双脚平行与胯同宽，脚踝、膝盖、髋关微弯曲，双手自然抬起位于身体前侧，目视前方（下页图❶）。这是一个比较常规的对于滑雪基本站姿的描述。每个人的身体结构是有一定差异的，如：男女骨骼结构不同，身高腿长比例不同，X形腿、O形腿等，基本站姿会出现个性化调整。

本章主要针对基本站姿的双脚间距，也就是题目所说的"站距"着重讲解，还会配合后面一个章节，雪鞋内外倾角的调整，综合解决个人因腿形不同而应采取的不同站距。

用一个简单测试来评估你的腿形与雪鞋是否匹配。可以在家中进行，穿上你自己的雪鞋，双脚平行地站在地上，注意要找一个相对比较平的地面，如果是瓷砖，建议站在同一块瓷砖上。注意站姿要求双脚平行且鞋头正朝前，不能是外八字状态。

先尝试一个与胯同宽的站距（两雪鞋外侧边缘的垂线与胯同宽），对于男士以及胯比较窄的女士来说，绝大多数人鞋底是可以完全站平在地面上的。

有三种特殊情况需要调整相应的站姿：

a. 对于胯比较宽的女性而言，这个站姿就会出现X状腿形，膝关节间距变窄（图❷）。

b. 对于天生有X形腿的人而言，脚掌的感觉是脚的内侧边着地。

c. 对于天生有O形腿的人而言，脚掌则是外侧边着地（图❸）。

如果有上述三种情况，就需要调整你的站距，直到脚掌绝对能站平在地面上。

第一种胯比较宽大的女士，需要更窄的站姿，直到两小腿平行，此时你的脚间距可能很小（图❹），如果你在滑雪时不想有K腿的滑行姿态，那么这就是你在滑雪时应保持的站姿！如此窄的站姿有一个弊端，就是左右两侧的平衡相对宽站姿要差一些，但换一个角度看待这个问题，窄站姿有利于双板的一致性与灵活性，也是不错的选择。

❶ 常规基本站姿　　❷ X形腿　　❸ O形腿　　❹ 胯宽大的女性应采取更窄短站距直到小腿竖直且平行　　❺ O形腿在没有调整雪鞋的情况下应采取宽站距

还有一种小概率的女士腿部形态，胯部宽且有 X 形腿，这就比较困难了，即便是采取了窄站距，膝盖依然会夹住，脚下的感觉是始终鞋底板是两个内侧着地。这种类型的腿形就需要通过调整雪鞋来解决脚完全放平的问题，详见后面如何调整雪鞋章节。不幸的是，这种 X 形腿是无法在滑雪中矫正的。

第二种有"天生"X 形腿的滑雪者，有时候 X 形腿是因为不良步态久而久之形成的，比如说足弓塌陷、小腿外旋、大腿内侧肌肉紧张等。这些是可以通过康复训练，矫正鞋垫逐渐改善的。这里我们只说滑雪时遇到这种情况该如何调整。

此种腿形的滑雪者，不管采取什么样的站姿，脚下都会觉得是里侧着地，就像自带犁式一样，反馈到雪板也是两个里侧刃着雪。在平行式滑行中，内侧腿（山上腿）向外翻转雪板刃是非常困难的，或者说幅度不够。需要调整雪鞋的靴筒内外角度来弥补因 X 形腿而脚掌站不平的问题。

雪鞋的出场设定参考的是绝大多数人的小腿角度数值，当遇到特殊小腿角度时就需要个性化调整。调整的目的就是要正常站立，雪鞋底面能够完全放平于地面。

为什么要调鞋？你的腿本应该动一点就可以翻转至外侧雪板刃，由于鞋筒的角度不对，你翻转到极限才刚刚放平鞋底板。所以平行式怎么也打不开内侧腿，先查查你的雪鞋是否需要调整，这个问题比较容易被无视掉。

第三种有 O 形腿的滑雪者，与 X 形腿脚下感觉相反，O 形腿的滑雪者鞋底板是两个外侧边着地，雪板形态是两个外侧边刃抓雪。在滑行平时式时，山下脚内侧刃抓雪会出现打滑现象。如果想把脚掌放平，就需要站一个超出想象的宽站姿（上页图❺），有点像武术界的骑马蹲裆式，那自然不是一个正常的滑雪站姿。遇到这种腿形，我们也是可以通过调整雪鞋靴筒的角度来实现放平目的。具体调整详见"雪鞋的调整"。

🦉 雪鞋的调整

雪鞋在滑雪器材中相当于那把黄金钥匙，至关重要！下面给大家介绍如何挑选一双大小合适的雪鞋，雪鞋的技术参数，以及如何微调雪鞋。

如何挑选雪鞋尺码大小

通常在雪具店购买雪鞋，店员会用量角器测量你的脚长与脚宽，对应雪鞋的是两个参数。

脚长对应的是鞋码，比如说230、235、260、265；脚宽对应的是鞋楦宽度，比如说97、100、102等。每个品牌会有些许的差异，但误差很小，购买对应的号码就可以。

如果你不清楚自己的雪鞋码是多大，千万不要根据平时穿运动鞋的尺码购买。滑雪鞋的外壳有一个特点，整码与半码是共用一个鞋壳的，只有内胆大小有所区别，向下兼容。举个例子说，如果你的脚长是260mm，那么你可以选择260或者265的雪鞋，这两个尺码的鞋外壳尺寸是相同的。鞋子内胆，也就是可以取出来的内靴有5毫米的大小区别。雪鞋内胆是海绵填充的，随着穿着时间的推移，鞋子会略微变大，因为海绵被压薄了。初学者买雪鞋可以考虑大半个码。

雪鞋的脚宽参数，雪鞋有很多种不同用途的品类，鞋楦的宽度也有所不同，这里的宽度说的是脚的最宽处。鞋楦比较窄的通常都是竞技比赛用鞋，宽度96、97mm，这类型的鞋子穿起来比较难受，不建议大众滑雪者购买，除非你的脚是那种窄长形。通常大众滑雪鞋的宽度在98、100、102、105，各家品牌有很小的差别。脚宽参数非常重要，决定着滑雪时脚的舒适程度，在寒冷的环境下，脚因为受雪鞋的挤压而血液不流通，那么寒冷指数会加倍！

雪鞋购买建议

第一，长度与宽窄。雪鞋可以购买正好脚长的，也可以大半个码，因为雪鞋外壳大小是一样的。在雪具售卖店选择好鞋子尺码及宽度后，别着急走！穿着雪鞋至少15分钟左右，没有特别明显的挤压感才说明这双雪鞋比较合适。

雪鞋的另外一个参数：硬度。雪鞋硬度是指雪鞋外壳塑料的强度。硬度值比较高的雪鞋，如120、130，能够良好地保持雪鞋靴筒的形状与前倾角度，不会因力量过大或者体重过大而产生形变，可以给小腿良好的支撑。当然过硬的雪鞋会给寒冷天气下的穿脱带来很大的困难，这也是为什么不能把雪鞋放在车里置于室外过夜的原因，因为第二天你会穿不上鞋。

建议雪鞋硬度：女士70、80、90，男士100、110、120。硬度的选择是根据你的体重，还有滑行水平而定。体重越大，硬度选择适当高些。

雪鞋的微调

各个品牌的中高端雪鞋是可以做一些微调的，内外倾角与前后倾角。

1. 内外倾角。

调整雪鞋的内外倾角是为了适应不同人的小腿角度。前面基本站姿篇章我们讲过关于 X 形腿和 O 形腿需要调整雪鞋来放平脚掌。

（1）如何判定需不需要调整雪鞋呢？可以通过下面的方法来测试一下，将雪鞋的内靴取出来，双脚穿入鞋壳中（图❶）。双脚的站宽以舒适且膝盖没有明显的"较劲"为参考，即膝盖处于放松姿态，没有受到大腿内外侧肌肉的明显牵扯感。脚下是正朝前的，没有外八字。

在这个站姿的基础上，适当微屈膝盖，让小腿微前倾，观察小腿胫骨与雪鞋筒两侧的间距（图❷）。如果大致均等，那么恭喜你，腿与绝大多数人长得一样，不需要调整雪鞋；如果出现左右间隙不均等，也不要伤心，骨骼精奇的人滑雪不会差！通常 X 形腿的人，靴筒内侧与小腿的间隙变小，需要把靴桶向内侧调整；而 O 形腿的人，靴筒外侧与小腿的间隙小，需要向外侧调整靴筒角度。

（2）如何调整？既然需要调，我们来观察一下雪鞋那里可以调。雪鞋的脚踝处通常会有两颗螺钉（图❸），这是用来调整内外倾角的。很多滑了多年雪的滑雪者甚至都不知道这两颗螺钉还有功能性，普遍认为这是调前倾角的，误区了很多年。这里特别提醒广大滑雪爱好者，在买滑雪鞋时，如果你很清楚自己的小腿形状骨骼精奇，那么请选择中高端一些的滑雪鞋，因为只有中高端滑雪鞋在脚踝处才是两颗可以调整的螺钉，而一些低端的滑雪鞋通常都是两颗铆钉，不能调整！

❶

❷

❸

调整之前还需要做一个准备，松掉鞋子后小腿那里的螺钉（下页图❶），用扳手拧松即可，待调整完内外倾角，记得再将其拧紧！

雪鞋脚踝处的两颗螺钉通常有一个偏心的垫片配件（下页图❷），通过调整这个偏心配件宽窄位置即可以实现雪鞋内外倾角的微调。我们以 X 形腿为例，需要将靴筒向内侧倾斜，也就需要将内侧脚踝处的螺钉向下拉（下页图❸）。用铅笔在靴筒的间隙处做标记，然后使用专用工具旋转偏心配件实现靴筒内侧向下拉，间隙变小，而外侧脚踝处的向上推（图 ❹），间隙变大（图 ❺）。这样实现了内侧向下拉，外侧向上推，改变了靴筒的角度向内侧，以适应 X 形小腿的角度。O 形腿鞋子的调整则相反，外侧向下拉，内侧向上推。

即使雪鞋设计了调整功能，调整角度也是微乎其微的，如果需要进一步调整，只能去专业的调鞋师那里调。有时候调整一双合脚的鞋子需要反复多次才可以完成。

2. 雪鞋的前倾角（图 ❻）。

这个角度原则上是不能够自己调整的，一定要在专业教练的建议下，由专业调鞋师来完成！有些品牌的雪鞋，鞋壳硬件是不能调前倾角度的，但附加了配件来增加一定的前倾角（图 ❼❽❾）。这个垫片可以增加大约 2 度的雪鞋前倾角。根据滑雪者的滑行水平不同，身高比例不同，雪鞋的功能划分不同，前倾角在 10～16 度，各个品牌有所差异。

如何选择适合自己的雪鞋

如果你只是体验型滑雪者,大可不必考虑这个问题,只需要租雪鞋即可,出租的雪鞋前倾角在10度左右,而且硬度值很低。

如果你刚刚喜爱上滑雪不久,处于中级阶段,那么一双中阶的雪鞋可以满足你的需要,这类型的雪鞋前倾角大致为11—12度。要注意的是,有时候我们非常喜欢一步到位,买高端雪鞋,甚至是专业竞技款。这类型的雪鞋前倾角较大,多为12—14度可调,甚至是16度(鞋内底部有2度角),如果你的滑行水平不够,无法保持身体与小腿的前倾一致,反而会拖累你的滑行,出现过分弯曲膝盖而导致的重心落后、翘板头等问题!这类型的问题也不是完全不能挽救,将垫片先拿掉,减小前倾角度会有所帮助。待自身水平提高后,再将垫片装回来就好了!

对于专家级滑雪者,或者自封神的滑雪者,有时会进入一个误区,越大前倾角代表的级别越高!事实不是这样的,什么事要有个度,太多也不代表就是好。一定要在专业调鞋师的指导下沟通是否要调整雪鞋的前倾角。作为日常滑行,各个商家的民用竞技款雪鞋是完全可以满足高水平大众滑雪者需求的。

雪板的选择与调整

选雪板就像找对象,要相中颜值还要兼顾性能,更需要平衡性价比,是一个复杂又系统的工程!呵呵,扯个冷笑话。其实买雪板并没有那么复杂。

从身高角度

初级选择肩膀到下颌长度的;中高级选择下颌到鼻尖附近长度的;大神级请随意!雪板长度各个商家、各个系列不同,大致在女款150、155、160,男款160、165、170(下页图 ❶)。

从价值角度

价值越高的雪板所用材料越好,这种涉及人身安全的器材,请不要相信什么物美价廉!当然也不是崇尚越贵越好,买适合的,不买最贵的!

建议初级滑雪者购买第一块雪板时,选择中间价位的雪板(一般在3500~4500元)。初级不建议选择商家的顶级主打款,通常顶级款雪板更重、更硬,会耗费你更多的力气去驱动它。如果你一定要买个好的，请考虑次顶级款，待将来技术提升再购买顶级款也不迟。

花钱这个东西根据个人意愿，开心就好，这里我只从适合与不适合角度给出建议。

从雪板的三维参数角度

板头、板腰、板尾这三个参数（图❷），我们只看板腰参数。更宽的板腰通常为全地域雪板，公园板以及粉雪板。不建议人生第一块雪板购买上述类型的宽板腰雪板。通常你下定决心要购买雪板时还处于滑雪的初级阶段，滑行水平不高，需要继续学习与磨炼滑行技术，那么一块标准的回转雪板是你最佳的选择。

回转雪板的板腰宽度通常在68–74mm，更窄的板腰会使负责承重的内侧雪板刃更加靠近脚的中心线，这对于初学者来说能够减轻脚踝的扭转负担，另外窄板腰意味着更大的侧切曲线，使转弯变得更加轻松。

❶

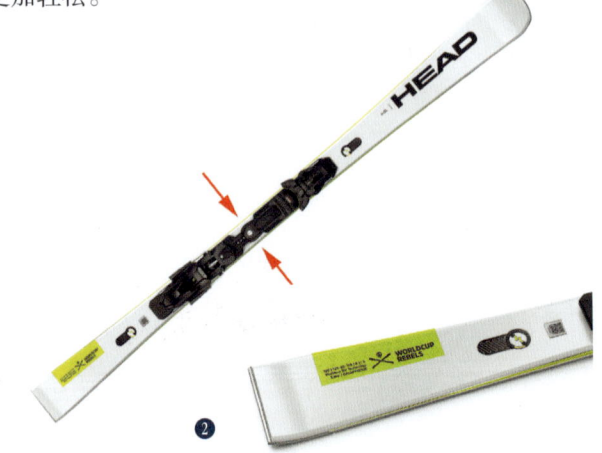

❷

雪板的调整

雪板能够调整的参数不多，但每一项都关乎于安全，要认真读完本章节，把人身安全掌握在自己手中，不要委托给别人！

调整固定器大小适应雪鞋尺码。

这里说的尺码并不是脚长尺码。雪板的调整尺码标示的是鞋壳的长度，这个数值会在鞋底或者鞋的侧面找到（下页图❶）。需要注意的是，雪板的固定器分为前后两部分，两部分都有相对应的数值，调整时不能只调整前固定器，或者后固定器，那样会改变雪板的中心位置偏前或者偏后,是不可取且偷懒的调整方式。

固定器前后大小的调整非常重要,太紧会在遇到危险时雪鞋难以脱离(图❷),造成腿部扭伤;太松又会容易在滑行时脱板(图❸),相当于爆胎,也是非常危险的,切记认真对待!

❶
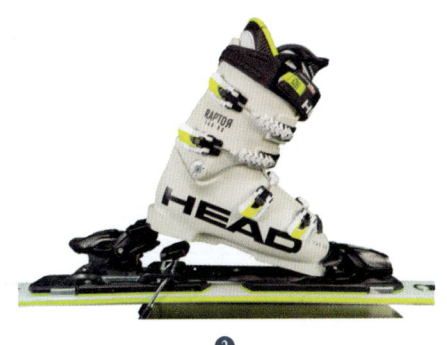
❷

❸

调整固定器脱离值

在确保固定器前后值调整好后,我们来根据体重及技术水平调整一下固定器的脱离值。这个数值也非常重要,关乎于摔倒时的腿部安全!

一个简单的参考调整值就是体重,用体重的千克整数为参考,初级可以减 1-2,中级与体重相同,高级可以加 1-2。举个例子,如果你体重为 75 千克,技术水平为刚刚接触滑雪,那么前后固定器数值可以是 7-2=5,也可以是前 5 后 6。如果你是中高级水平,前 7 后 7 或者前 7 后 8 都是可以的。

再次强调,调整固定器脱离值是要在雪鞋前后大小数值调准确以后,因为固定器脱离是横向的脱离结构(下页图❶),在前后卡雪鞋太紧后,脱离值是失效的,非常容易受伤。经常会见到滑雪者调了一个很紧的前后值卡死雪鞋,而调了一个很低的脱离值,这完全是在拿自己的腿做赌注!要把安全掌握在自己手中,切记!

关于固定器的选配

在购买雪板时有时商家会配相对低一个级别的固定器作为打折的空间。比如标配 14(最大值)的固定器,打折时配 11 的固定器。按照我们刚才的计算方法,11 的固定器相当于 100 千克体重的人需要调整的数值,如果你的体重不是很大,11 左右的固定器完全可以满足需求，没必要选择更高的。当然，还是那句话，不违背个人消费意愿，在这里我只给出性价比建议。

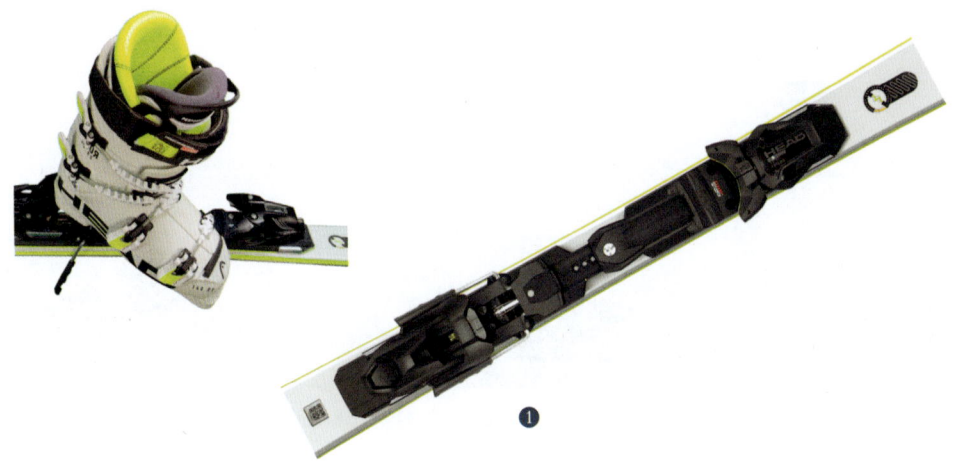

❶

第六章

滑雪流言

滑雪"流言"知多少

1. 滑雪时一定要面朝山下吗？

答：不一定，面朝山下只在特定的弯形如频率较高的小回转中使用。错误地解读这句话会使得身体为了朝向山下而出现脊柱的反向旋转，这种旋转与腿的行进方向相反，会造成外侧肩落后，从而带领身体重心落后。

2. 滑行中双腿是五五分力吗？

答：可能有那么一瞬间是，滑行过程中双腿是交替发力，是一个动态的过程，不用过于纠结分力是多少，在没有传感器准确测量的基础上谈数值都是空谈。

3. 身体重心要一直靠前吗？

答：绝大多数滑雪者因为对速度以及坡度的恐惧，身体重心都靠后，因此而出现了此类说法即身体重心一定要靠前，其实这也是滑雪指导员苦口婆心想要改正你重心向后问题所采取的战术。真正的好的滑雪姿态是根据弯形动态调整身体重心！身体重心位置映射在脚掌的感觉对于大众滑雪者来说，身体重心的移动范围就在大脚趾前脚掌到后脚跟的前部；对于绝对的高手而言这个范围就会扩大到整个足部甚至入弯时可以超过前脚掌，出弯时落后于后脚跟。

4. 滑雪时一定要做反弓？

答：在滑雪世界里没有绝对的对与错，反弓是为了平衡身体与脚位置关系的一种滑雪技术类型；在适当的转弯速度下内倾也可以做到平衡转弯的目的。学到高阶时你会发现，在初学滑雪时教练明令禁止的内倾动作却在高阶时变成了必要技术！从学习顺序以及学习难易程度上讲，以反向平衡（反弓）为基础的学习顺序会相对容易一些。

5. 臀部不能向后？

答：滑雪者在摸索滑雪技术的过程中，被潜移默化地灌输着重心绝不能落后，落后就是坐臀部！因此臀部不能向后，向后就是撅臀部等片面而又绝对的信息。臀部不在后面？难道你的臀部长在前面不成？正确的滑雪站姿，膝关节的弯曲与髋关节的折叠要匹配，我们往往过度地弯曲了膝盖，而没有正确折叠髋关节，这才是臀部后坐的元凶。中华儿女膝下有黄金，别那么容易就跪下，当你有臀部后坐、重心落后的问题时，把你将要跪下去的膝盖直立些，髋关节要折叠，髋关节折叠的时候整个胯部连同臀部也是向后退，但是肩膀会向前。那么一个向后，一个向前等于互相中和抵消，重心还在中心位置。

6. **板头差大，要收内腿减小板头差。**

答：这个问题要从两个角度看：初级平行式阶段的滑雪者，有些会在转弯时，旧山下脚转换为新山上脚时，向新弯方向先转内侧脚，同时还伴随向前蹬脚，造成的两板头间距逐渐扩大，渐行渐远。有这个问题的滑雪者有时会被告知，要回收内腿，也就是别向前蹬山上板，要往回收这只板！在这里我的建议是，与其关注山上一侧越分越开的山上板，不如更多地关注新山下板那一侧。要靠新山下板的雪板刃变化（由外侧刃变为内侧刃），身体重心向其偏移，体重使雪板形变，最终用新山下板开启转弯。不是要内腿引导吗？有上述问题的，不是内腿引导，那是蹬腿滑冰！

另外一种回收山上板会出现在一些高级滑雪者身上，要注意的是这是一个很危险的举动，做过多了会把人突然间整个撅飞起来，没有任何缓冲。为什么会这样？高阶滑雪者在弯与弯之间的转换区，旧山下脚翻转雪板刃时同时做了向后撤脚的动作，导致板头入雪板的刃的角度更加横向，与新山下板的雪板刃角度与移动方向不一致，外加身体的前扑（高阶滑雪者能够很好地在转换区前移身体），导致内侧雪板刃翻转过度卡刃，因为身体前移的角度刚刚好在内侧板板头方向，如果内侧板不回收，则刚好接住身体前移；而回收的内侧板让板头那里开了一个缺口，少了支撑，身体过度前移后便失去平衡。作为滑雪人，追求小板头差，让双板更为同步这没毛病，个人认为回收内侧板的方式比起其风险来说，风险大于优点。我更推荐将山下的外侧板多向前追追，而不是反其道地回收内侧板。即便是你要用这种方式，也请不要在入弯阶段时使用，切记！切记！

7. **引身到底是伸展的伸，还是身体的身？**

答：这其实是一个因为所以的关系，因为腿的伸展，身体有被顶起来的感觉。从身体被顶起来的结果看，可以用引身；从起因看，实际上是腿做了伸展，也可以用引伸。引身（伸）的目的是转换身体重心在两腿之间的位置，切换体重至新的山下板。